2015년 서울시 중국어 교육기관 현황조사

首尔地区汉语教学机构基本状况调查(2015)

延世大學 孔子學院 中國研究院 研究叢書 004

2015년 서울시 중국어 교육기관 현황조사

首尔地区汉语教学机构基本状况调查(2015)

김현철 · 이경진 · 김주희 · 이유진 저

學古房

발간사

　2013년 연세대학교 공자아카데미, 2015년 연세대학교 중국연구원이 개원한 이래, 연세대학교 내에서 중국 관련 연구가 본격적으로 시작되었습니다.

　색다른 연구와 특색 있는 분야의 연구가 시대의 흐름에 걸맞게 고안되고 추진되어 세상에 빛을 보게 됩니다. 남들과 다른 길을 가는 사람들의 외로움을 사명감과 책임감으로 포장하며 지금이 아닌 미래의 이 땅의 주역들에게 남겨 줄 의미 있는 작업을 하고자 이 마당을 만들게 된 것입니다.

　나무가 나무와 더불어 숲을 이루어 우리의 연구 영역을 이루려고 합니다.

　인문, 사회과학 연구자가 더불어 잘 하면 누구도 생각지 못한 그림을 그릴 수 있다고 확신합니다. 아집과 편집과 고집은 책을 만들고 연구하는데 아무런 도움이 되질 않습니다. 진실한 연구는 반드시 따르는 후속 연구자가 있게 마련이고 바른 연구 풍토는 반드시 그 빛을 보게 될 날이 있음을 확신합니다.

　우리가 책을 만들고 책이 연구를 대변하고 더불어 연구의 숲을 이루는 그 날까지 연세대학교 공자아카데미와 중국연구원은 계속해서 연구과제 총서를 만들어 나갈 것입니다.

　남들과 조금이라도 다르게 생각하고 확고한 신념으로 갖자 맡은 일에 충실함으로써 새롭게 거듭나는 자랑스러운 연구 마당을 열어 나가겠습니다. 감사합니다.

연세대학교 공자아카데미, 연세대학교 중국연구원
김현철 드림

목 차

1. 조사 개요

1.1 조사 배경 및 목적

1992년 한중 수교 이후 90년대 한국에서는 소위 '중국어 열풍'이라고 하여 중국어 사설 교육 기관이 급증하였으며, 중국어에 대한 관심이 고조되면서 대학, 고등학교, 중학교, 초등학교 등의 정규 과정에서 중국어 수업 비중이 높아지면서 그 학습자 수가 급속히 증가하게 되었다. 하지만 중국어 학습자 수가 증가하면서 다양한 유형의 중국어 교육 기관과 교육 방식이 있음에도 불구하고 이에 대한 조사가 이루어지지 않고 있었으며 그로인해 교육 기관간의 상호 협력 역시 쉽지 않았다. 뿐만 아니라 중국어 교육을 진행함에 있어 참고할 만한 기초 자료가 부족한 것이 현실이다.

정규과정을 살펴보면, 우리나라는 1954년부터 고등학교 교과과정에서 제2외국어 중 하나로 중국어를 교육하기 시작하여 여러 차례 교육개편을 단행하며 변화해 왔다. 중학교 중국어는 2007년 개정 교육과정에서 처음으로 편성되었다. 현재 초등학교는 일부 사립초등학교에서는 정규과정으로 중국어 교육을 진행하고 있지만, 공립초등학교에서는 방과 후 수업 형태로 교육이 진행되고 있다. 그렇다면 초등, 중등, 고등 과정에서의 중국어 교육 현장의 모습을 보다 정확히 이해하기 위해 본 조사는 중국어 교육이 진행되는 학교를 대상으로 구체적인 현황 조사를 실시하였다.

2014년 교육통계연보에 따르면, 전국고등학교 중국어 교사 1292명 가운데 서울지역 중국어 교사는 231명으로 전체 교사에서 약18%에 해당하였다. 이 밖에 서울 소재 중국어 학과 개설 대학 및 중국어 사설 교육 기관의 수가 상당하며, 서울은 중국어 교육에 있어서도 가장 선도적인 도시 사례로서 서울 지역 중국어 기관 조사 자료는 참고 가치가 가장 높다고 판단하여 본 조사는 조사 대상 지역을 우선 서울지역으로 한정하였으며, 이를 바탕으로 향후 조사 대상 지역을 점차 확대하여 한국의 통합적인 중국어 교육에 관한 조사가 완성하려고 한다.

본 조사에서 중국어 교육 기관에 관한 거시적 현황뿐 아니라 기관 별 특징(교사 수 및 수준, 교재, 커리큘럼 등)을 정리해 봄으로서 모범 모델 제시 및 교육방안에 관한 제안을 함께 하여, 향후 중국어 교육 발전에 관한 좋은 데이터로서 충분한 가치가 있으리라 기대한다.

1.2 조사 설계

조사목적을 달성하기 위해 아래와 같은 방안을 마련하여 과업을 달성하고자 하였다.
1) 최선의 조사 설계
2) 타당한 설문 구성 (각 기관 별 특징 분석에서 필요 시 진행)
3) 교육적 효과를 측정할 수 있는 분석방안 제시

조사 설계 순서는 다음과 같다.
1) 서울 소재 초등, 중등, 고등 교육 기관 조사
   - 조사 대상을 설정하여 표본이 되는 기관의 총수를 집계.
2) 표본추출방법
   - 정규 총수를 고려한 비례할당 방식을 사용하고자 하였으나, 온라인 구글

설문 방식으로 1차 추출한 총수 모두 참여할 수 있는 방식 채택

3) 조사방법

- 기관 별 온라인 조사, 전화조사, 설문조사 등.

1.3 조사 일정 및 내용

1) 조사설계 및 대상 확정 : 5월

2) 학교 추출 및 담당 교사 컨택 : 5월 말~6월 말

3) 조사 실시

- 사전 : 6월 말~7월 중순

- 사후 : 7월 중순~8월 초

4) 조사 결과 취합 :

- 8월 초~8월 말

5) 보고서 분석

- 8월 말~ 9월 말

6) 보고서 작성 : 9월 말~10월 말

7) 보고서 수정 및 제출 : 11월 말~12월 초

2. 정규과정 현황조사

2.1 대학교 — 중국어 관련 전공 조사

현재 서울시 소재의 대학교는 총 67개로 4년제 57개 대학교, 2년제 10개 대학교이다. 그 중 중국어 관련 학과가 개설되어 있는 곳은 4년제 32개, 2년제 4개로 총 36개 대학교(53.7%)에 중국어 관련 학과가 개설 되어 있다.[1]

본 조사는 서울시 소재의 중국어 관련 학과가 개설되어 있는 36개의 대학교를 조사 대상으로 하였고, 2015년 1학기에 개설된 강좌를 기준으로 하여 설문을 진행하였다. 조사 방식은 중국어 관련 학과가 개설되어 있는 36개의 대학교의 중국어 관련 학과 담당자(조교)와 통화를 하여 설문 취지를 설명하고 학과 이메일을 수집하였다. 수집한 학과 이메일로 설문지를 발송하였고 각 학과의 담당자(조교)가 설문지를 작성하여 회신을 주었다.

설문의 내용은 한 학기에 개설된 중국어 관련 강좌의 수, 강좌의 종류, 강좌의 성격, 원어 강좌수, 원어민·한국인 교강사 수, 중국어 전공자 수, 중국내 자매결연 학교 수, 중국어 전공자의 해외어학연수 비율, 해외어학연수 형태, 강좌의 지정교재 유무, 수업 진행방식, 수업 시 부족하다고 느끼는 부분, 교육 시 필요하다고 느끼는 부분, 선호하는 강좌 등의 조사가 포함 되었다.

4년제는 중국어 학과가 개설된 32개 대학교 중 24개 대학교가 설문에 참여하였고, 2년제는 중국어 학과가 개설된 4개 대학교 중 3개 대학교가 설문에 참여하

---

1) 중국 관련 학과가 개설된 36개 대학 :
  - 4년제 : 건국대, 경희대, 경희사이버대, 고려대, 고려사이버대, 국민대, 그리스도대, 덕성여대, 동국대, 동덕여대, 명지대, 사이버한국외대, 삼육대, 서강대, 서경대, 서울대, 서울디지털대, 서울시립대, 서울여대, 성공회대, 성균관대, 성신여대, 세종대, 숙명여대, 숭실대, 숭실사이버대, 연세대, 이화여대, 중앙대, 한국방통대, 한국외대, 한양대.
  - 2년제 : 명지전문대, 배화여대, 서일대, 한양여대.

였다. 전체 36개 대학교 중 27개 대학교가 설문에 참여 하였고, 본 조사에서는 27개 대학의 설문 결과를 분석하였다.(표 2-1 참조)[2]

표 2-1 중국 관련 학과 개설 현황(서울시 소재 대학교 기준)

	서울시 소재 대학수	중국어 관련 학과 개설 대학수	중국어 관련 학과 개설율	설문참여 대학수	참여율
서울시 4년제 대학교	57	32	56%	24	75%
서울시 2년제 대학교	10	4	40%	3	75%
서울시 전체 대학교	67	36	54%	27	75%

2.1.1 강좌 관련 설문 결과

본 장은 서울시 소재 대학의 강좌 현황에 대한 조사 결과이다. 본 장에 등장하는 수치는 27개 대학의 모든 수치를 취합하여 평균을 낸 것이다.

대학별 중국어 관련 개설강좌 수를 살펴보면, 서울시 소재의 대학교에 2015년 1학기에 개설된 중국어 관련 강좌 수는 평균 27.7개이다. 개설 강좌 수가 많은 상위 5개 대학교는 한국외국어대학교 114개, 한양대학교 56개, 이화여대 50개, 성신여대 48개, 고려대학교 46개이다. 한국외국어대학교의 중국어 관련 강좌 개설 수가 타 대학에 비해 월등히 높았으며 서울시 소재의 대학교 평균 개설 강좌 수의 4배 이상 되는 수치를 보인다.

개설 강좌의 종류를 살펴보면, 대학 평균 개설 강좌 수인 27.7개에서 전공 선택으로 개설된 강좌는 평균 16개이며 이는 개설된 전체강좌의 58%로 가장 많은

---

2) 조사 참여 27개 대학 :
- 4년제 : 건국대, 경희사이버대, 고려대, 국민대, 그리스도대, 덕성여대, 동국대, 동덕여대, 명지대, 사이버한국외국어대, 서강대, 서울대, 서울디지털대, 서울여대, 성공회대, 성신여대, 세종대, 숭실사이버대, 연세대, 이화여대, 중앙대, 한국외국어대, 한양대.
- 2년제 : 배화여대, 서일대, 한양여대.

비중을 차지한다. 교양으로 개설된 강좌는 평균 6.6개로 개설된 강좌의 24%를 차지한다. 전공 필수로 개설된 강좌는 평균 4.1개로 개설된 강좌의 15%이고, 기타는 1개로 3%를 차지한다.

개설된 학점을 살펴보면, 3학점으로 개설된 강좌가 평균 18.3개이며 전체 강좌의 66%로 가장 많은 비중을 차지한다. 1학점으로 개설된 강좌는 평균 5.1개로 18%를 차지한다. 2학점으로 개설된 강좌는 평균 3.8개로 14%를 차지한다. 기타 학점은 1개로 2%를 차지한다.(표 2-2 참조)

표 2-2 서울시 소재 대학교 한 학기 중국어 강좌 수 및 강좌의 구분(서울시 27개 대학 기준)

		평균 강좌수(개)	비율(%)
1학기 중국어 평균 개설 강좌 수(개)		27.7	100%
강좌의 종류(개)	전공필수	4.1	15%
	전공선택	16.0	58%
	교양	6.6	24%
	기타	1.0	3%
	소계	27.7	100%
학점 구분(개)	1 학점	5.1	18%
	2 학점	3.8	14%
	3 학점	18.3	66%
	기타	0.5	2%
	소계	27.7	100%

개설된 강좌의 성격을 살펴보면, 어학 강좌가 평균 16.6개로 전체의 60%를 차지한다. 문학 강좌는 평균 4.3개로 16%를 차지한다. 문화 강좌는 평균 2.4개로 9%를 차지한다. 비즈니스 강좌는 1.5개로 5%를 차지한다. 정치외교 강좌는 0.6개로 2%를 차지한다. 기타 강좌는 2.3개로 8%를 차지한다. 이 수치로 볼 때 현재 어학관련 강좌가 월등하게 높은 비중을 차지하고 있음을 알 수 있다.(표 2-3 참조)

표 2-3 서울시 소재 대학교 중국어 강좌의 성격(서울시 27개 대학 기준)

강좌의 성격	어학	문학	문화	비지니스	정치외교	기타	소계
평균 강좌수(개)	16.6	4.3	2.4	1.5	0.6	2.3	27.7
비율(%)	60%	16%	9%	5%	2%	8%	100%

서울시 소재 대학교에 개설된 원어 강좌 수는 평균 7.2개로 대학 중국어 관련 강좌의 26%가 원어 강좌로 이루어져 있다. 원어강좌의 개설 수만 고려하였을 때, 가장 많은 원어 강좌가 개설된 상위 6개 대학교는 고려대학교, 한국외국어대학교, 연세대학교, 동국대학교, 성신여대, 중앙대학교이다. 원어 강좌 개설수는 고려대학교 32개, 한국외국어대학교 27개, 연세대학교 21개, 동국대학교 14개, 성신여대 10개, 중앙대학교 10개이다.(표 2-4 참조)

표 2-4 원어 강좌 개설 수 상위 6개 대학(2015년 1학기 기준)

대학명	고려대	한국외대	연세대	동국대	성신여대	중앙대
중국어 관련 강좌 수(개)	46	114	37	25	48	15
원어 강좌 수(개)	32	27	21	14	10	10
원어 강좌 개설율(%)	70%	24%	57%	56%	21%	67%

중국어 관련 강좌 대비 원어 강좌 개설율이 가장 높은 상위 5개 대학교는 고려대, 중앙대, 연세대, 동국대, 성공회대이다. 원어 강좌 개설율은 고려대 70%, 중앙대 67%, 연세대 57%, 동국대 56%, 성공회대 44%이다. 특히 중앙대는 중국어 관련 강좌수가 15개로 대학평균 27.7개에 크게 못 미치지만 그 중 원어 강좌수가 10개라서 원어 강좌 개설율이 67%에 달한다.

표 2-5 원어 강좌 개설율 상위 5개 대학(2015년 1학기 기준)

대학명	고려대	중앙대	연세대	동국대	성공회대
중국어 관련 강좌 수(개)	46	15	37	25	18
원어 강좌 수(개)	32	10	21	14	8
원어 강좌 개설율(%)	70%	67%	57%	56%	44%

대학별 한 강좌당 수강인원 수는, 한 강좌당 평균 20명~29명 정도의 수강인원인 강좌가 전체강좌의 29%로 가장 높은 비중을 차지한다. 수강인원이 40~49명은 19%를 차지한다. 수강인원이 11~19명은 17%를 차지한다. 수강인원이 30명~39명은 13%를 차지한다.

표 2-6 서울시 소재 대학별 한 강좌당 평균 수강 인원수(2015년 1학기 기준)

인원수	10명 미만	20명 미만	30명 미만	40명 미만	50명 미만	60명 미만	70명 미만	70명 이상	합계
강좌수	2.0	4.8	8.1	3.5	5.3	1.2	1.2	1.6	27.7
%	7%	17%	29%	13%	19%	4%	4%	6%	100%

대학별 강좌의 지정교재 유무를 살펴보면, 모든 강좌에 지정교재가 있는 대학은 8개로 전체 대학의 30%이다. 지정교재가 있는 강좌도 있고 없는 강좌도 있는 혼합방식은 19개로 전체의 70%를 이다. 지정교재가 없는 학교는 0개였다. 이 수치로 볼 때 강좌에 지정교재를 사용 것을 비교적 선호함을 알 수 있다.

2.1.2 기타 설문 결과

본 장에서는 서울시 대학의 중국어 전공자 현황, 한국인 · 원어민 교강사 현황, 전공자의 해외 어학 연수 현황, 개선 사항을 서술하였다.

2.1.2.1 중국어 전공자 및 교강사 현황

서울시 소재 대학의 중국어 전공자 수는 총 6351명으로 대학별 평균 235명의 전공자가 있다.[3] 전공자 수가 가장 많은 상위 5개 대학은 사이버 한국외대 730명, 고려대학교 410명, 명지대학교 350명, 이화여대 321명, 성신여대 320명이다.

서울시 소재 대학의 한국인 교강사 수는 총 444명으로 대학별 평균 16명의 한국인 교강사가 있다. 한국인 교강사 수는 고려대와 한국외대가 각각 50명으로 가장 많고, 서울대가 40명, 연세대와 이화여대가 각각 32명이다.(그림 2-1 참조)

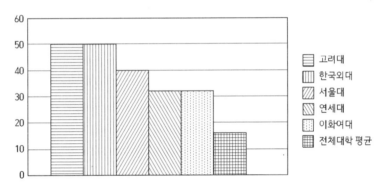

그림 2-1 한국인 교강사 수(상위 5개 대학교)

전공자 수를 교강사 수로 나누면 교강사 1명당 배정되는 전공자 수를 알 수 있다. 한국인 교강사 1명 당 배정되는 전공자 수는 서울시 대학교 평균 14.3명이다. 한국인 교강사 1명당 배정 전공자 수가 가장 적은 대학은 한국외대로 한국인 교강사 1명당 배정되는 전공자가 4.5명이다.(표 2-7 참조)

---

3) 2015년 1학기 등록자 기준.

표 2-7 한국인 교강사 1명당 배정 학생수(상위 5개 대학교)

대학명	한국 외대	서울대	연세대	한양대	숭실 사이버대	전체대학 평균
한국인 교강사 수(명)	50	40	32	30	13	16
전공자 수(명)	200	180	230	219	100	235
한국인 교강사 1명당 전공자 수(명)	4.0	4.5	7.2	7.3	7.7	14.3

서울시 소재 대학의 원어민 교강사 수는 총 63명으로 대학별 평균 2명의 원어민 교강사가 있다. 원어민 교강사 수는 연세대와 한국외대가 각각 6명으로 가장 많다. (그림 2-2 참조)

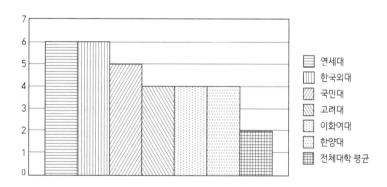

그림 2-2 원어민 교강사 수(상위 6개 대학교)

원어민 교강사 1명 당 배정되는 전공자 수는 서울시 대학교 평균 101명이다. 원어민 교강사 1명당 배정 전공자 수가 적은 상위 5개 대학은 한국외대, 연세대, 국민대, 한양대, 세종대이다. 원어민 교강사 1명당 배정되는 전공자가 가장 적은 대학은 한국외대로 원어민 교강사 1명당 배정되는 전공자가 33명이다.(표 2-8 참조)

표 2-8 원어민 교강사 1명당 학생 수(상위 5개 대학교)

대학명	한국 외대	연세대	국민대	한양대	세종대	전체대학 평균
원어민 교강사 수(명)	6	6	5	4	2	2
전공자 수(명)	200	230	270	219	120	235
원어민 교강사 1명당 전공자 수(명)	33	38	54	55	60	101

2.1.2.2 중국어 전공자의 해외어학연수 현황

본 장은 서울시 대학교 중국어 전공자들의 해외어학연수 현황이다. 1980년 이후 각 대학들은 중국 관련 학과를 경쟁적으로 설치하였고 1992년 한·중 수교 이후 중국과의 교류가 활발해지면서 한국 대학과 중국 대학간의 학문적 교류도 활성화 되었다. 한국의 대학은 중국의 대학과 자매결연을 맺어 교환학생, 장기 어학연수, 단기어학연수 등의 프로그램을 통해 전문적인 중국 전문가를 양성하고 있다.

서울시 대학교의 자매결연 현황을 살펴보면, 서울시 대학교의 평균 자매결연 학교 수는 5개이다. 자매결연 학교 수가 가장 많은 대학은 한양대학교로 65개의 자매결연 학교가 있어 타 대학에 비해 월등하게 많다.(표 2-9 참조)

표 2-9 서울시 대학교 중국어 관련학과 자매결연 학교 수(상위 5개 대학교)

대학명	한양대	한국외대	세종대	국민대	동덕여대	전체대학 평균
자매결연 학교 수(개)	65	14	10	7	6	5

서울시 대학교 중국어 전공자의 해외 어학연수 형태를 살펴보면 '교환학생'이 38%로 가장 많다. 다음으로 많은 것은 '6개월~1년 어학연수'로 30%를 차지한다. 방학단기연수는 21%를 차지하고, 기타는 6%, 없음은 4%이다.(그림 2-3 참조)

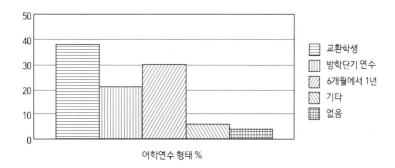

그림 2-3 서울시 대학교 전공자 어학연수 형태[4]

　서울시 대학교 중국어 전공자의 해외 어학연수 비율을 살펴보면, 중국어 전공자의 해외연수 비율이 전체 전공자의 50%~70% 정도 되는 것이 8개 학교로 가장 많다. 동국대, 서울대는 전공자의 90%이상이 해외어학연수를 다녀오는 것으로 조사되었다.(표 2-10 참조)

표 2-10 서울시 대학교 전공자의 어학연수 비율

어학연수비율	대학명	대학수	%
없음	고려사이버대, 숭실사이버대	2	7%
10%미만	경희사이버대, 사이버 한국외대	2	7%
20%미만	그리스도대, 성공회대, 배화여대, 서일대, 한양여대	5	19%
30%미만	건국대, 서울여대	2	7%
40%미만	서울디지털대, 중앙대, 한양대	3	11%
50%미만	이화여대	1	4%
70%미만	고려대, 국민대, 덕성여대, 동덕여대, 서강대, 세종대, 연세대, 한국외대	8	30%
90%미만	명지대, 성신여대	2	7%
100%미만	동국대, 서울대	2	7%

---

4) 27개 학교 참여, 복수응답으로 총47개의 응답이 나옴.

2.1.2.3 개선 사항

대학 내의 중국어 수업 진행 방식을 다양한 교구, 어학실, 멀티미디어교재, 컴퓨터, 문화자료, 기타로 구분하여 어떤 방식을 사용하고 있는지 조사 하였다. 컴퓨터를 사용하는 방식이 32%로 가장 높다. 멀티미디어 교재 사용이 22%. 문화자료 사용이 21%. 어학실 사용이 14%, 다양한 교구 사용이 8%, 기타 3%를 차지한다.(그림 2-4 참조)

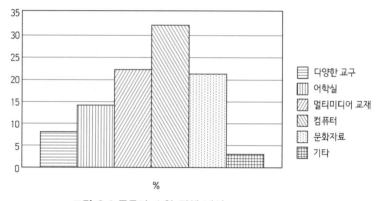

그림 2-4 중국어 수업 진행 방식

중국어 수업을 하는데 있어서 가장 부족하다고 느끼는 부분은, 다양한 교구 부족이 43%, 문화자료 부족이 20%, 어학실 부족이 17%, 기타 10%, 멀티미디어 교재 부족이 7%, 컴퓨터 부족이 3%로 다양한 교구가 가장 부족하다고 느끼는 것으로 조사되었다.(그림 2-5 참조)

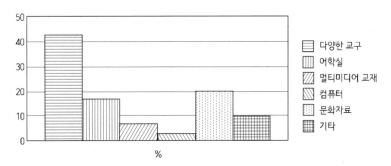

그림 2-5 중국어 교육 시 가장 부족하다고 느끼는 부분

    중국어 수업을 하는데 있어서 가장 필요하다고 느끼는 부분은, 문화자료의 필요성이 31%, 다양한 교구의 필요성이 29%, 어학실의 필요성이 26%, 멀티미디어 교재의 필요성이 9%, 기타가 3%로, 문화자료의 필요성을 가장 많이 느끼는 것으로 조사 되었다.(그림 2-6 참조)

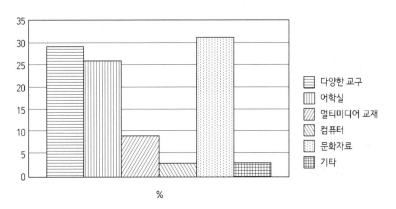

그림 2-6 중국어 교육 시 가장 필요하다고 느끼는 부분

2.2   고등학교

서울시 소재의 고등학교는 총 324개로 그 중 중국어 수업이 개설되어 있는 곳은 244개 고등학교로 75%의 고등학교에 중국어 수업이 개설되어 있다.

조사 방법은 서울시 소재의 324개 고등학교에 유선 상으로 중국어 수업 개설 여부를 확인하였고 개설이 된 244개 학교를 대상으로 웹을 통하여 설문조사를 진행 하였다. 중국어 수업이 개설된 244개 학교 중 167개 학교가 설문에 참여하여 68%의 참여율을 보였다. 설문에 참여한 고등학교의 유형은 일반고 69.3%, 자율고 12.3%, 특성화고 10.4%, 특수목적고 8%로 조사 되었다.

표 2-11 서울시 고등학교 중국어 수업 개설 현황

	서울시 고등학교수	중국어수업 개설 학교수	중국어수업 개설율	설문참여 학교수	설문 참여율
학교수	324	244	75%	167	68%

설문의 내용은 중국어 수업 형태를 제2 외국어와 방과 후 수업으로 나누어서 교육기간, 주간수업시수, 중국어 교재, 수업진도, 수업인원, 교사 수, 바람직한 중국어 교육시점, 개선사항, 중국어 교육 목적 등을 조사하였다.

2.2.1 제2 외국어 설문 결과

본 장은 제2 외국어 형태로 개설된 고등학교 중국어 수업 현황이다. 제2 외국어로 중국어 수업을 개설한 학교는 총 158개 학교로, 설문에 참가한 167개 고등학교의 95%가 제2 외국어로 형태로 수업이 개설되어 있다.

  제2외국어로서 중국어의 교육기간은 1년이 42.6%, 2년이 39.5%, 3년이 17.9%이다. 중국어를 선택한 학생의 비율은 30~50%의 학생이 선택 한 것이 47.8%로 가장 높은 비율을 차지한다. 50~70%미만의 학생이 선택 한 것이 30.4%를 차지한다. 0~30%미만의 학생이 선택 한 것이 15.5%를 차지한다. 100%의 학생이 선택을 한 것이 4.3%를 차지한다. 70~100%미만의 학생이 선택 한 것이 1.9%를 차지하는 것으로 조사되었다. (그림 2-7 참조)

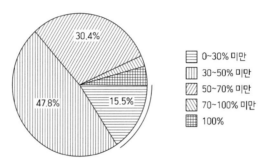

그림 2-7 제2 외국어로서 중국어를 선택한 학생들의 비율

  제2외국어로서 중국어의 주간 수업시수는 2시간이 44.4%로 가장 높은 비율을 차지한다. 3시간이 37%, 6시간 이상이 11.7%, 4시간이 6.2%, 5시간이 0.6%를 차지하는 것으로 조사되었다.(그림 2-8 참조)

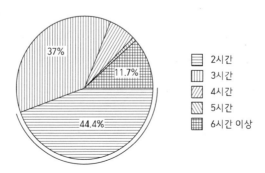

그림 2-8 제2 외국어로서 중국어의 주간 수업시수

현재 고등학교에서 사용하는 교재를 아래의 10개 종류로 구분하여 실제 사용 현황을 조사하였다.

① 교학사 고등학교 중국어Ⅰ

② 다락원 고등학교 중국어Ⅰ

③ 정진출판사 고등학교 중국어Ⅰ

④ 정진출판사 고등학교 중국어Ⅱ

⑤ 천재교육 고등학교 중국어Ⅰ

⑥ 천재교육 고등학교 중국어Ⅱ

⑦ 시사중국어사 고등학교 중국어Ⅰ

⑧ 시사중국어사 고등학교 중국어Ⅱ

⑨ 넥서스 고등학교 중국어Ⅰ

⑩ 기타

조사 결과에 따르면 '천재교육 고등학교 중국어Ⅰ'이 35%로 가장 높은 사용률을 보인다. '시사중국어사 고등학교 중국어Ⅰ'은 31.3%로 두 번째로 높은 사용률을 보인다.(그림 2-9 참조)

고등학교 교과과정 분류에서 '중국어Ⅰ'은 일반 선택으로, '중국어Ⅱ'는 심화 선택으로 분류된 것에 대한 생각은 '다소 바람직하다'가 52.2%로 가장 높은 비율을 차지한다, '매우 바람직하다'가 23%, '바람직하지 않다'가 19.3%, '전혀 바람직하지 않다'가 5.6%로 조사되었다. 긍정적 답변이 75.2%로 교과과정 분류에 대한 생각은 대부분 바람직하다고 생각하는 것으로 조사되었다.

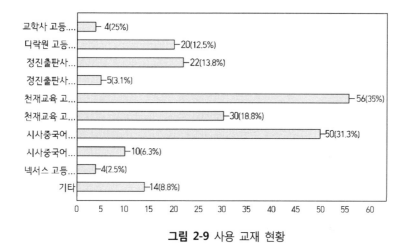

그림 2-9 사용 교재 현황

실제 수업 진도를 살펴보면, 채택한 교과서의 '과'분류를 기준으로, 일반적으로 1년 동안 몇 과까지 실제로 수업을 진행하는지에 대해서는 '8~9과까지 진행 한다'가 29.6%로 가장 높은 비율을 차지한다. 다음으로는 '끝까지 진행 한다'가 29%로 두 번째로 높은 비율을 차지한다.(그림 2-10 참조)

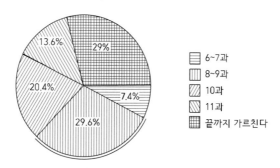

그림 2-10 1년 동안 실제 수업 진도

한 과를 진행했을 때, 소요되는 수업시수는 '5시간 이상'이 46.3%로 가장 높은 비율을 차지한다. '4시간'이 34.8%, '3시간'이 14.3%, '2시간'이 3.7%, '1시간'이

0.6%를 차지하는 것으로 조사되었다.(그림 2-11 참조)

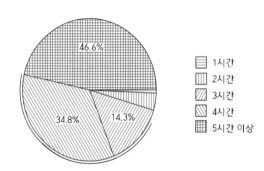

그림 2-11 한 과를 진행했을 때, 소요되는 수업시수

중국어 수업에 참여하는 학생 수는 '30명이상'이 52.8%로 가장 높은 비율을 차지한다. '25~30명 미만'이 24.8%, '20~25명 미만'이 9.8%, '15~20명 미만'이 7.5%, '10~15명 미만'이 3.1%, '10명 미만'이 1.9%로 차지하는 것으로 조사되었다.(그림 2-12 참조)

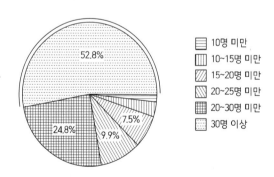

그림 2-12 중국어 수업에 참여하는 학생 수

중국어 교사가 생각하는 수업 진행에 가장 적절한 수업 인원수는 '15~20명 미만'이 40.7%로 가장 높은 비율을 차지한다. '20~25명 미만'이 35.2%, '10~15명

미만'이 11.1%, '25~30명 미만'이 11.1%, '10명 미만'이 1.2%, '30명 이상'이 0.6%
를 차지하는 것으로 조사되었다.(그림 2-13 참조)

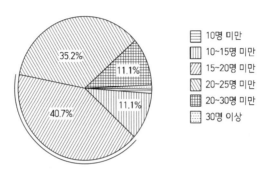

그림 2-13 교사가 생각하는 가장 적절한 한 반 인원수

2.2.2 방과 후 설문 결과

본 장은 고등학교에 방과 후 형태로 개설된 중국어 수업 현황을 서술하였다.
중국어 교육이 방과 후만 개설이 되어있는 학교는 1개 학교로 전체 167개 고등학
교의 0.6%이고, 제2외국어와 방과 후가 둘 다 개설이 되어 있는 곳은 26개 학교
로 전체 167개 고등학교의 16%이다.

방과 후 중국어 수업의 주간시수는 '2시간'이 35.5%로 가장 높은 비율을 차지
한다. '1시간'과 '4시간 이상'이 각 가 29%로 동일한 비율을 보인다. '3시간 이상'
은 6.5%를 차지한다.(그림 2-14 참조)

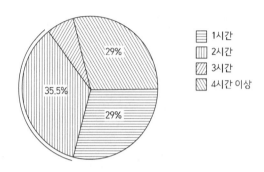

그림 2-14 방과 후 중국어수업의 주간 시수

방과 후 수업의 성격은 '회화중심'이 55.9%로 가장 높은 비율을 차지한다. '교재중심'이 44.1%로 두 번째로 높은 비율을 보인다. '활동중심'이 26.5%를 차지한다. '어법중심'이 23.5%를 차지한다. '시청각 중심'과 '읽기 중심'이 각 각 14.7%를 차지한다. '문화중심'이 8.8%를 차지한다. '쓰기중심'이 5.9%를 차지한다. 방과 후 수업은 거의 대부분이 회화와 교재 중심으로 진행되고 있음을 알 수 있다.(그림 2-15 참조)

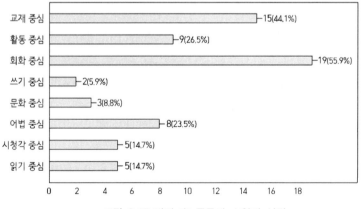

그림 2-15 방과 후 중국어 수업의 성격

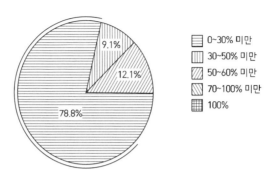

0~30% 미만
30~50% 미만
50~60% 미만
70~100% 미만
100%

그림 2-16 방과 후 중국어를 선택한 학생 비율

방과 후 과목으로서 중국어를 선택한 학생들의 비율은 0~30%의 학생이 선택한 것이 78.8%로 가장 높은 비율을 차지한다. 50~70%의 학생이 선택한 비율이 12.1%, 30~50%의 학생이 선택한 비율이 9.1%를 차지하는 것으로 조사 되었다.(그림 2-16 참조)

2.2.3 기타 설문 결과

본 장은 중국어 교사 수, 중국어 교육 시점, 중국이 교육 시 보충할 부분 등의 현황을 서술 하였다.

고등학교의 중국어 교사 수는 1명인 학교가 75.9%로 가장 높은 비율을 차지한다. 2명인 학교가 19.8%, 4명이상인 학교가 2.5%, 3명인 학교가 1.9%로 조사되었다. 원어민 교사수는, 원어민 교사가 0명인 학교가 62.6%, 1명인 학교가 37.4%로 조사되었다. 2명 이상의 원어민 교사가 있는 학교는 없는 것으로 조사되었다.

교사가 생각하는 바람직한 중국어 교육 시작 시기는 중학교 시기가 47.2%로 가장 높은 비율을 차지한다. 초등학교 시기는 29.2%, 고등학교 시기는 18.6%, 유치원 시기는 5%로 조사 되었다.(그림 2-17 참조)

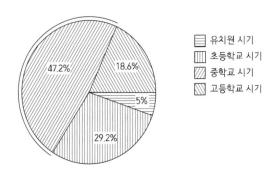

▤	유치원 시기
▥	초등학교 시기
▨	중학교 시기
▧	고등학교 시기

그림 2-17 교사가 생각하는 바람직한 중국어 교육 시작 시기

학교에서 중국어 교육 시, 도움이 되었던 부분은 복수 선택이 가능하도록 설문 조사를 진행 하였다. 교육 시 가장 도움이 되었던 부분은 컴퓨터가 58.6%로 가장 높은 비율을 차지한다. 문화자료가 56.1%, 멀티미디어 교재가 54.1%, 다양한 교 구가 28%, 어학실이 21%를 차지하는 것으로 조사 되었다.(그림 2-18 참조)

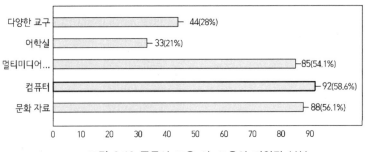

그림 2-18 중국어 교육 시, 도움이 되었던 부분

학교에서 중국어 교육 시, 부족하다고 느껴지는 부분은 복수 선택이 가능하도 록 설문조사를 진행 하였다. 교육 시 부족하다고 느껴지는 부분은 '다양한 교구 부족'이 61.1%로 가장 높은 비율을 차지한다. '어학실 부족'이 54.9%, '문화자료 부족'이 40.7%, '멀티미디어 교재 부족'이 38.9%, '컴퓨터 부족'이 11.1%를 차지하 는 것으로 조사 되었다.(그림 2-19 참조)

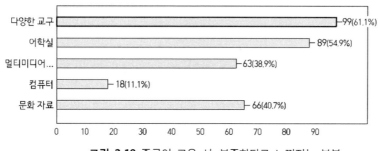

그림 2-19 중국어 교육 시, 부족하다고 느껴지는 부분

학교에서 중국어를 교육 시, 지금보다 더욱 필요하다고 느껴지는 부분은 복수 선택이 가능하도록 설문조사를 진행 하였다. 지금 보다 더욱 필요하다고 느껴지는 부분은 다양한 교구의 필요성이 63%로 가장 높은 비율을 차지한다. 어학실의 필요성이 52.5%, 문화자료의 필요성이 47.5%, 멀티미디어 교재의 필요성이 45.1%, 컴퓨터의 필요성이 13.6%를 차지하는 것으로 조사되었다.(그림 2-20 참조)

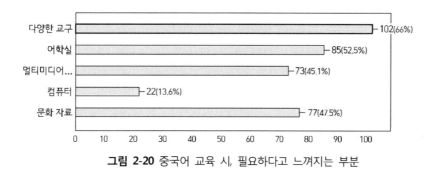

그림 2-20 중국어 교육 시, 필요하다고 느껴지는 부분

조사한 바에 따르면 중학교 중국어 교육의 목적은 글로벌 인재 양성, 제2 외국어로서 중국어 능력 배양, 중국과 중국 문화 이해, 중국과 중국어에 대한 흥미 제고, 기초교양 배양, 대입 및 취업에 필요, HSK 취득으로 구분할 수 있다. '글로벌 인재 양성'을 목적으로 하는 학교는 27%로 가장 높은 비율을 차지한다. '제2

외국어로서 중국어 능력 배양'을 목적으로 하는 학교는 25.8%를 차지한다. '중국
과 중국 문화 이해'를 목적으로 하는 학교는 18.8%를 차지한다. '중국과 중국어에
대한 흥미 제고'를 목적으로 하는 학교는 10.5%를 차지한다. '기초교양 배양'을
목적으로 하는 학교는 8.2%를 차지한다. '대입 및 취업에 필요'를 목적으로 하는
학교는 8.2%를 차지한다. 'HSK 취득'을 목적으로 하는 학교는 1.1%를 차지하는
것으로 조사 되었다.

2.3 중학교

　서울시 소재의 중학교는 총 383개로 그 중 중국어 수업이 개설되어 있는 곳은
190개 중학교로 50%의 중학교에 중국어 수업이 개설되어 있다.
　조사 방법은 서울시 소재의 383개 중학교에 유선 상으로 중국어 수업 개설 여
부를 확인하였고 개설이 된 190개 학교를 대상으로 웹을 통하여 설문조사를 진
행 하였다. 중국어 수업이 개설된 190개 학교 중 110개 학교가 설문에 참가하여
57.8%의 참여율을 보였다. 설문에 참여한 중학교의 유형은 공립이 83개로 75.5%
를 차지하고, 사립이 23개로 20.9%, 국립이 4개로 3.6%를 차지한다.

표 2-12 서울시 중학교 중국어 수업 개설 현황

	서울시 중학교수	중국어수업 개설 학교수	중국어수업 개설율	설문참여 학교수	설문 참여율
학교수	383	190	49.6%	110	57.8%

설문의 내용은 고등학교 조사와 동일하게, 중국어 수업 형태를 제2 외국어와 방과 후 수업으로 나누어서 교육기간, 주간수업시수, 중국어 교재, 수업진도, 수업인원, 교사 수, 바람직한 중국어 교육시점, 개선사항, 중국어 교육 목적 등을 조사하였다.

2.3.1 제2외국어 설문 결과

본 장은 제2 외국어 형태로 개설된 중학교 중국어 수업 현황이다. 제2 외국어로 중국어 수업을 개설한 학교는 총 103개 학교로, 설문에 참가한 110개 고등학교의 93.6%가 제2 외국어로 형태로 수업이 개설되어 있다.

제2 외국어로서 중국어의 교육기간은 1년이 71.7%로 가장 높다. 2년과 3년이 각각 14.2%를 차지한다. 제2 외국어로서 중국어를 선택한 학생들의 비율을 살펴보면, 100%의 학생이 중국어를 선택한 비율이 80.8%로 가장 높다. 50~70%의 학생이 중국어를 선택한 비율은 8.7%, 70~100%미만의 학생이 중국어를 선택한 비율은 5.8%, 30~50%의 학생이 중국어를 선택한 비율은 3.8%, 0~30%의 학생이 중국어를 선택한 비율은 1%를 차지한다.(그림 2-21 참조)

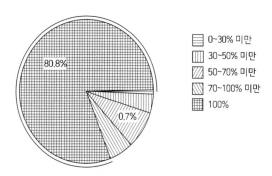

0~30% 미만
30~50% 미만
50~70% 미만
70~100% 미만
100%

그림 2-21 제2 외국어로서 중국어를 선택한 학생들의 비율

제2 외국어로서 중국어의 주간 수업시수는 2시간이 65.7%로 가장 높다. 3시간
이 26.7%, 6시간이상이 4.8%, 4시간이 2.9%를 차지한다.(그림 2-22 참조)

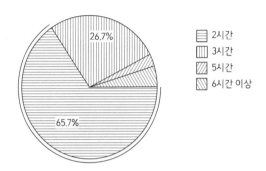

그림 2-22 제2 외국어로서 중국어의 주간 수업시수

중학교에서 사용하는 중국어 교재를 아래의 7개 종류로 구분하여 실제 사용
현황을 조사하였다.

① 교학사 생활중국어

② 넥서스 생활 중국어

③ 다락원 생활 중국어

④ 시사중국어사 생활 중국어

⑤ 천재 교과서 생활 중국어

⑥ 천재교육 생활중국어

⑦ 기타

중학교에서 사용하는 사용교재는 '천재 교과서 생활 중국어'와 '시사중국어사
생활 중국어'가 22.6%로 사용률이 가장 높다. '천재교육 생활 중국어' 사용률은
21.7%, '넥서스 생활 중국어' 사용률은 15.1%, 교학사 생활 중국어 사용률은
2.8%, 기타는 0.9%로 조사 되었다.(그림 2-23 참조)

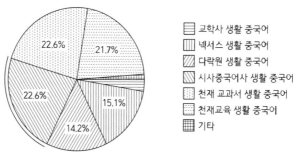

교학사 생활 중국어
넥서스 생활 중국어
다락원 생활 중국어
시사중국어사 생활 중국어
천재 교과서 생활 중국어
천재교육 생활 중국어
기타

그림 2-23 사용 교재 현황

실제 수업 진도를 살펴보면, 채택한 교과서의 '과'분류를 기준으로, 일반적으로 1년 동안 몇 과까지 실제로 수업을 진행하는지에 대해서는 '8~9과까지 진행 한다'가 26%로 가장 높다. '6~7과까지 진행 한다'가 21.2%, '끝까지 진행 한다'가 19.2%, '11과까지 진행 한다'가 18.3%, '10과까지 진행 한다'가 15.4%를 차지한다.(그림 2-24 참조)

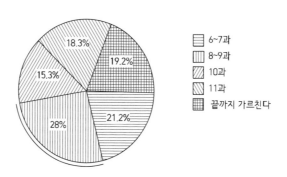

6~7과
8~9과
10과
11과
끝까지 가르친다

그림 2-24 1년 동안 실제 수업 진도

한 과를 진행했을 때 소요되는 수업시수는, '4시간 소요'가 35.2%로 가장 높은 비율을 차지한다. '5시간 이상 소요'가 33.3%를 차지한다, '3시간 소요'가 20%를 차지한다. '2시간 소요'가 8.6%를 차지한다, '1시간 소요' 가2.9%를 차지한다.(그림 2-25 참조)

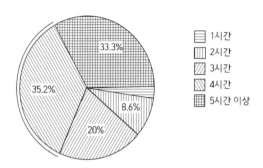

그림 2-25 한 과를 진행했을 때, 소요되는 수업시수

중국어 수업에 참여하는 한 반 학생 수는 '30명이상'이 54.7%로 가장 높은 비율을 차지한다. '25~30명 미만'이 37.7%, '20~25명 미만'이 5.7%, '10~15명 미만'이 0.9%, '15~20명 미만'이 0.9%를 차지한다. '10명 미만'의 인원이 수업하는 경우는 없는 것으로 조사 되었다.(그림 2-26 참조)

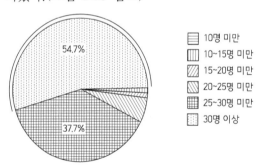

그림 2-26 중국어 수업에 참여하는 학생 수

중국어 교사가 생각하는 수업 진행에 가장 적절한 수업 인원수는 '15~20명 미만'이 37.7%로 가장 높은 비율을 차지한다. '10~15명 미만'이 26.4%, '20~25명 미만'이 26.4%, '25~30명 미만'이 4.7%, '10명 미만'이 2.8%, '30명 이상'이 1.9%를 차지하는 것으로 조사 되었다.(그림 2-27 참조)

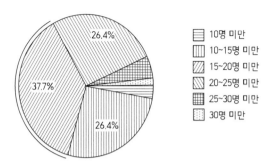

그림 2-27 교사가 생각하는 가장 적절한 한 반 인원수

2.3.2 방과 후 설문 결과

본 장은 중학교에 방과 후 형태로 개설된 중국어 수업현황이다. 중국어 교육이 방과 후만 개설이 되어있는 학교는 5개 학교로 전체 110개 중학교의 4.5%이고, 제2외국어와 방과 후가 둘 다 개설이 되어 있는 곳은 43개 학교로 전체 110개 중학교의 39%이다.

방과 후 중국어 수업의 주간시수는 '2시간'이 62.7%로 가장 높은 비율을 차지한다. '4시간 이상'이 19.6%, '1시간'이 13.7%, '3시간'이 3.9%를 차지하는 것으로 조사되었다.(그림 2-28 참조)

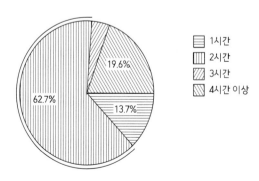

그림 2-28 방과 후 중국어수업의 주간 시수

방과 후 수업의 성격은 '회화중심'이 74%로 가장 높은 비율을 차지한다. '교재중심'이 12%, '문화중심'이 6%, '활동중심'이 6%, '읽기중심'이 2%를 차지한다. '쓰기중심', '어법중심', '시청각중심'의 수업은 없는 것으로 조사 되었다.(그림 2-29 참조)

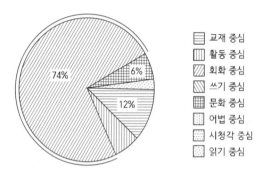

그림 2-29 방과 후 중국어 수업의 성격

방과 후 과목으로서 중국어를 선택한 학생들의 비율은 0~30%의 학생이 선택한 것이 94.1%로 압도적 비율을 나타낸다. 100%의 학생이 선택한 비율이 3.9%, 50~70%의 학생이 선택한 비율이 2%를 차지한다.(그림 2-30 참조)

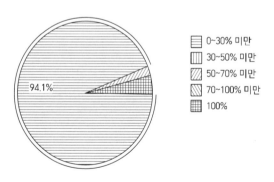

그림 2-30 방과 후 중국어를 선택한 학생 비율

2.3.3 기타 설문 결과

본 장은 중국어 교사 수, 중국어 교육 시점, 중국이 교육 시 보충할 부분 등의
조사 결과이다.

중학교의 중국어 교사 수는 1명인 학교가 83.8%로 가장 많다. 2명이 14.3%,
3명이 1.9%를 차지하고, 4명이상의 중국어 교사가 있는 곳은 없는 것으로 조사
되었다. 원어민 교사수는 0명인 학교가 73.3%를 차지한다. 원어민 교사가 1명
인 학교가 25.7%를 차지하고, 4명이상의 원어민 교사가 있는 학교는 1%로 조사
되었다.

교사가 생각하는 바람직한 중국어 교육 시작 시기는 중학교 시기가 52.4%로
가장 높은 비율을 차지한다. 초등학교 시기는 34.3%, 유치원 시기는 8.6%, 고등
학교 시기는 4.8%로 조사 되었다.(그림 2-31 참조)

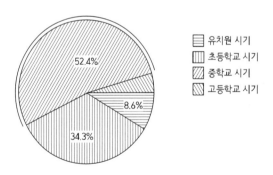

유치원 시기
초등학교 시기
중학교 시기
고등학교 시기

그림 2-31 교사가 생각하는 바람직한 중국어 교육 시작 시기

학교에서 중국어 교육 시, 도움이 되었던 부분은 복수 선택이 가능하도록 설문
조사를 진행 하였다. 교육 시 가장 도움이 되었던 부분은 문자자료가 58.5%로
가장 높은 비율을 차지한다. 멀티미디어 교재가 55.7%, 컴퓨터가 53.8%, 다양한
교구가 32.1%, 어학실이 15.1%를 차지하는 것으로 조사되었다.(그림 2-32 참조)

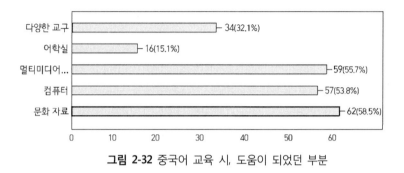

그림 2-32 중국어 교육 시, 도움이 되었던 부분

학교에서 중국어 교육 시, 부족하다고 느껴지는 부분은 복수 선택이 가능하도록 설문조사를 진행 하였다. 교육 시 부족하다고 느껴지는 부분은 '어학실 부족'이 57.1%로 가장 높은 비율을 차지한다. '다양한 교구 부족'이 52.4%, '멀티미디어 교재 부족'이 32.4%, '문화자료 부족'이 32.4%, '컴퓨터 부족'이 5.7%를 차지하는 것으로 조사 되었다.(그림 2-33 참조)

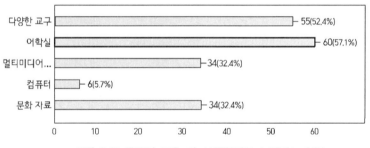

그림 2-33 중국어 교육 시, 부족하다고 느껴지는 부분

학교에서 중국어를 교육 시, 지금보다 더욱 필요하다고 느껴지는 부분은 복수 선택이 가능하도록 설문조사를 진행 하였다. 지금 보다 더욱 필요하다고 느껴지는 부분은 다양한 교구가 57.5%로 가장 높은 비율을 차지한다. 어학실이 51.9%, 멀티미디어 교재가 51.9%, 문화자료가 49.1%, 컴퓨터가 9.4%를 차지하는 것으로 조사 되었다.(그림 2-34 참조)

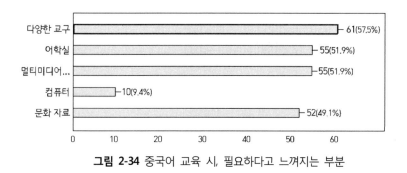

그림 2-34 중국어 교육 시, 필요하다고 느껴지는 부분

　조사한 바에 따르면 중학교 중국어 교육의 목적은 글로벌 인재 양성, 제2 외국어로서 중국어 능력 배양, 중국과 중국 문화 이해, 중국과 중국어에 대한 흥미 제고, 선행학습으로 나눌 수 있다. '글로벌 인재 양성'을 목적으로 하는 학교는 31.4%로 가장 높은 비율을 차지한다. '제2 외국어로서 중국어 능력 배양'을 목적으로 하는 학교는 29.6%를 차지한다. '중국과 중국 문화 이해'를 목적으로 하는 학교는 22%를 차지한다. '중국과 중국어에 대한 흥미 제고'를 목적으로 하는 학교는 14.8%를 차지한다. '선행학습'을 목적으로 하는 학교는 1.9%를 차지하는 것으로 조사 되었다.

2.4 초등학교

　서울 소재 596개의 초등학교 중에서 중국어 수업이 개설된 학교는 136개, 23%, 개설되지 않은 학교는 449개, 75%, 중국어 수업의 개설여부가 확인되지 않은 곳은 11개, 2%로 나타났다. 이를 통해, 현재 초등 과정에서는 약 1/5만의 학교

에서만 중국어 교육이 이루어지고 있음을 알 수 있었다. 이에 본고는 서울시 초
등학교 중국어 교육 현황을 자세히 살펴보기 위하여 2015년 10월 21부터 12월
10일까지 중국어 수업이 이루어지고 서울 소재 모든 초등학교에 설문지를 배포
하였으며, 그 중 89%인 121개의 설문지를 회수할 수 있었다. 다음은 본 설문을
참여한 초등학교의 유형을 정리한 표이다.

표 2-13

	국립		공립		사립		미응답	
	개수	비율	개수	비율	개수	비율	개수	비율
비율	6개	5%	70개	58%	42개	35%	3개	2%

초등학교 유형 중, 중국어 수업을 가장 많이 진행하는 곳은 공립으로 전체의
58%를 차지하고 있으며, 사립이 그 뒤를 이어 35%를 차지하고 있다. 이 외에도
국립 비율은 5%, 미응답 비율은 2%로 집계되었다. 이를 통해 공립 초등학교의
약 2/3 가량 중국어 수업이 진행되고 있으며, 사립은 약 1/3 가량 중국어 수업이
진행되고 있고, 국립은 아주 드물게 진행되고 있음을 알 수 있다.

표 2-14

개설 여부	정규 수업		방과 후 수업	
	개수	비율	개수	비율
유	6개	5%	99개	83%
무	109개	91%	15개	12%
미응답	5개	4%	6개	5%

중국어가 정규 수업으로 개설되어 있는 학교는 단 6곳으로 전체의 5%를 차지하며, 그렇지 않은 학교는 109곳으로 91%를 차지하고 있다. 방과 후 수업의 경우, 초등학교의 83%에서 중국어가 개설되어 있지만 12%는 개설되어 있지 않다. 이를 통해, 서울시 초등학교에서는 중국어 수업은 대부분 정규수업이 아닌 방과 후 수업으로 진행되고 있음을 알 수 있다.

초등학교의 중국어 교육 기간은 1년이 36.4%로 가장 높게 나타나며, 2년, 3년, 4년, 6년은 동일하게 14%로, 5년은 9%로 나타난다. 대부분의 초등학교에서 중국어는 정규수업이 아니기 때문에 교육기간 또한 정해진 기간 없이 다양하게 나타나고 있지만 1년이 가장 많고 5년이 가장 낮다는 특징이 있다.(그림 2-35 참조)

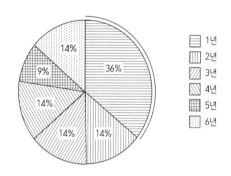

그림 2-35 초등학교 중국어 교육기간

초등학교 중국어 교육에서 대부분을 차지하는 방과 후 중국어 수업은 일주일에 2시간씩 배우는 경우가 54%로 가장 많으며, 4시간 이상이 29%로 그 뒤를 이었고 1시간이 12%, 3시간이 5%로 가장 낮게 나타난다. 중국어 방과 후 수업은 대부분 일주일에 2시간씩 이루어지고 있고, 길게는 4시간 이상씩도 이루어지지만 1시간과 3시간 씩 이루어지는 곳은 드물다는 것을 알 수 있다.(그림 2-36 참조)

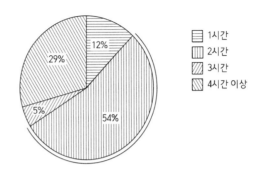

그림 2-36 방과 후 중국어 수업의 주간 시수

초등학교 방과 후 수업에서 30%미만의 학생들이 중국어를 선택한 경우가 68%를 차지하여 가장 높게 나타났으며, 100% 모두가 중국어를 선택한 경우도 24%로 두 번째로 높게 나타났다. 그러나 70~100% 미만의 학생들이 선택한 비율은 5%, 30~50% 미만의 학생들이 선택한 비율은 3%만을 나타내고 있다. 이를 통해, 현재 초등학교 방과 후 수업에서 대부분 30%미만의 학생들만이 중국어를 선택하여 학습하고 있는 것으로 밝혀졌다.(그림 2-37 참조)

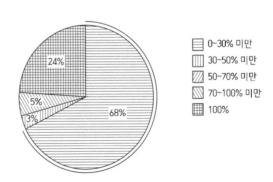

그림 2-37 방과 후 수업으로 중국어를 선택한 학생들의 비율

방과 후 중국어 수업은 회화 중심의 수업으로 이루어지는 경우가 81%로 가장 많으며, 그 뒤로는 순차적으로 교재 중심의 수업이 62%, 활동 중심의 수업이

50%, 쓰기 중심 18%, 시청각 중심 12%, 문화 중심 11%, 읽기 중심 6%, 어법 중심 0%로 나타난다. 이를 통해 초등 중국어 교육에서는 회화, 교재, 활동 중심의 수업으로 이루어지고 있으며, 어법 중심의 수업은 이루어지지 않고 있음을 알 수 있다.(그림 2-38 참조)

　중국어 교사가 1명인 학교는 63%로 가장 많았으며, 4명 이상인 학교도 30%로 두 번째로 높게 나타났다. 또한, 중국어 교사가 2명인 곳은 7%로 나타났으며, 3명인 경우는 0%로 나타나, 초등학교 중국어 교사는 1명이거나 4명 이상일 경우가 많다는 것을 알 수 있다. 중국어 교사 중 원어민 교사 수를 살펴보면, 한 명도 없는 경우가 61%로 가장 높게 나타났으며, 1명이 23%, 3명이 1%, 4명 이상이 15%로 나타나는데, 이는 현재 초등학교 중국어 수업에서 원어민 교사의 비율이 현저히 낮다는 것을 보여 준다. 이 외에도 두 설문의 결과를 통해 초등학교에서 중국어 교사가 한 명일 경우, 대부분 중국인 교사가 아닌 한국인 교사라는 사실을 알 수 있다.(그림 2-39 참조)

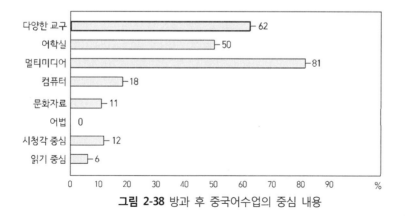

그림 2-38 방과 후 중국어수업의 중심 내용

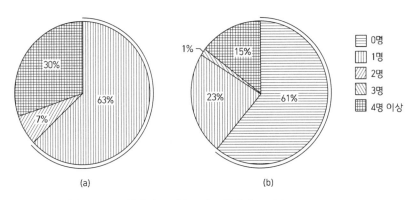

그림 2-39 (a) 중국어 교사수, (b) 원어민 교사수

초등학교 교사들이 느끼기에 중국어 교육의 적절한 시작 시기는 초등학교 시기 63%, 중학교 시기 21%, 고등학교 시기 10%, 유치원 시기 6% 순으로 나타난다. 초등학교 교사들은 초등학교 시기가 중국어 교육을 시작하는 가장 좋은 시기라고 인식하고 있다.(그림 2-40 참조)

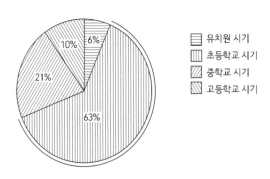

그림 2-40 중국어 교육의 시작 시기

초등학교 교사들이 중국어 교육 시 도움이 된다고 여기는 부분은 멀티미디어 50%, 컴퓨터와 문화자료가 36%, 다양한 교구 34%, 어학실9% 순으로 나타났으며, 중국어 교육 시 부족하다고 여기는 부분은 어학실 50%, 다양한 교구 47%,

멀티미디어와 문화자료 37%, 컴퓨터 3% 순으로 나타났다. 또한, 중국어 교육 시 필요한 부분은 부족한 부분과 같은 순서로, 다양한 교구 55%, 어학실 46%, 멀티미디어 43%, 문화자료 37%, 컴퓨터 7% 순으로 나타났다. 세 항목을 분석한 결과, 중국어 교육 시 어학실은 큰 도움이 되지는 않지만 여전히 부족하고 필요한 부분이며, 컴퓨터는 많은 도움이 되지만 대부분의 학교에 설치되어 있기 때문에 부족하거나 필요한 부분은 아니라는 것을 알 수 있다. 이 외에 다양한 교구, 멀티미디어, 문화자료는 중국어 교육에 많은 도움이 되지만 실제로는 부족하기 때문에 앞으로 꼭 보충되어야 할 필요한 부분으로 밝혀졌다.(그림 2-41 참조)

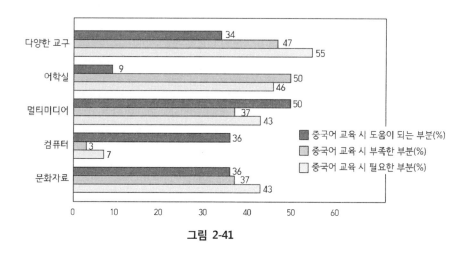

그림 2-41

초등학교 중국어 교육의 목적은 제2외국어 학습 27%, 글로벌 인재 양성과 중국 문화 이해 24%, 수요 충족 16%, 특기적성 계발 5%, 중국어에 대한 흥미 유발 3%로 나타났다. 현재 초등학교의 중국어 교육은 중국어를 외국어로 학습하고, 글로벌 사회를 대비하는 인재를 양성하고, 중국의 문화를 이해하기 위한 목적이 대부분을 차지하고 있다.(그림 2-42 참조)

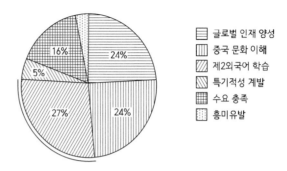

그림 2-42 중국어 교육의 목적

3. 비정규과정 현황 조사

사설중국어 교육기관 (오프라인 및 방문교육)

2015년 포털 사이트 '네이버(NAVER)'에 나타난 서울시 사설 중국어 학원은 총 279개로 조사 되었지만 그 중에서 전화 중국어, 온라인 중국어 등 본 연구의 대상에 해당하지 않는 사설학원들과 이미 없어진 사설학원 등을 제외하면 227개로 재집계 되었다. 이를 다시 구 별로 나누어 살펴보면 서울시 사설 중국어 학원의 구체적인 분포 현황을 알아 볼 수 있다. 다음은 서울시 사설 중국어 학원의 구별 분포 현황을 정리한 표이다.

표 3-1 서울시 사설 중국어 학원의 구별 분포 현황

사설 중국어 학원 수	구		비율
	강남 소재	강북 소재	
31개 이상	강남구(39개), 양천구(32개)		31%
21개~30개	강서구(24개), 구로구(21개), 송파구(21개)		29%
11개~20개	서초구(14개), 영등포구(13개)	종로구(13개)	18%
6개~10개	동작구(9개), 강동구(9개)	동대문구(6개)	11%
1개~5개	금천구(2개)	은평구(5개), 서대문구(3개), 도봉구(3개), 성동구(3개), 노원구(3개), 마포구(2개), 중랑구(2개), 강북구(1개), 중구(1개), 용산구(1개)	11%
0개	관악구	성북구, 광진구	0%
합계	184개, 81%	43개, 19%	

표 3-1에서 알 수 있듯이, 서울에서 사설 중국어 학원이 가장 밀집해 있는 곳은 강남 지역의 강남구와 양천구로, 모두 30개 이상의 중국어 사설학원이 존재한다.

이는 각각 전체 학원 수의 17%와 14%의 비율을 보이며, 두 구의 합산만으로 전체의 약 1/3을 차지한다. 21개 이상~30개 이하의 학원이 존재하는 구도 세 곳으로 집계되었는데 이 역시 모두 강남지역의 구로 강서구, 구로구, 송파구가 이에 해당한다. 이 구들은 각각 전체 학원수의 11%, 9%, 9%의 비율을 보이며, 세 구의 합산이 29%로, 전체의 약 1/3을 차지하고 있다. 이를 통해, 서울시 20%의 해당하는 구에 전체 학원의 60%가 밀집되어 있으며, 이들은 모두 강남 지역이라는 것을 알 수 있다. 11개 이상~20개 이하의 학원이 존재하는 구는 강남 소재의 서초구와 영등포구, 그리고 강북 소재의 종로구, 총 세 곳으로 조사되었다. 세 곳 모두 6%의 비율을 차지하고 있어, 총 18%로 나타난다. 서울시 68%에 해당하는 17개 구는 중국어 학원이 10개 이하로 분포 되어 있다. 먼저, 6개 이상~10개 이하의 학원이 존재하는 구는 총 3곳으로, 강남 지역의 동작구와 강동구, 강북 지역의 동대문구로 전체 학원의 11%가 이에 속한다. 서울시에서 가장 많은 구가 속해있는 그룹은 바로 학원 수가 1개 이상~5개 이하인 그룹이다. 서울시 전체 구의 44%에 해당하는 11개 구가 모두 이 그룹에 속해 있지만 학원수는 전체의 11%밖에 미치지 못한다. 특히, 이 그룹에서는 강남과 강북간의 차이가 뚜렷하게 보이는데 강남 지역은 금천구 단 한 곳만이 포함되어 있고 강북 지역은 은평구를 포함한 10개의 구가 포함되어 있다는 것이다. 이처럼 강북 지역 대부분의 구는 강남 지역과 달리 3개 이하의 학원들로 이루어져 있음을 알 수 있다. 마지막으로 사설 중국어 학원이 전혀 존재하지 없는 구도 강남 소재의 관악구, 강북소재의 성북구와 광진구, 총 3곳으로 나타난다. 강남 소재 구와 강북 소재 구로 나누어 살펴보면, 강남 소재 구의 학원 수는 184개, 강북 소재 구의 학원 수는 43개로 강남지역이 강북지역보다 4배 이상 많은 학원이 분포되어 있다는 것을 알 수 있다.

  다음은 앞서 조사된 모든 학원을 학원의 규모에 따라 4가지 유형으로 분류한 후 서울시에 각 유형이 어떻게 분포되어 있는지 살펴보고자 한다. 이를 위해 서울 시 모든 구에서 대표학원을 4개씩 추출하였으며, 사설학원이 4개 이하일 경우에는 존재하는 학원 수 만큼만을 분석대상으로 삼아, 최종적으로 서울시 22개 구[1]의 총 68개의 학원이 다음 연구의 분석대상이 되었음을 밝힌다. 또한 4가지 유형을 분류하는 기준은 수강인원으로, 일대일 수업만을 담당하는 학원을 A군, 수강생이 2명~5명 사이인 소형 학원을 B군, 수강생이 6명~10명 사이의 중형 학원을 C군, 수강생이 11명 이상인 대형학원을 D군으로 하였다. 서울시 사설 중국어 학원 A-D군의 분포 현황은 아래의 그림을 통해 살펴보고자 한다.

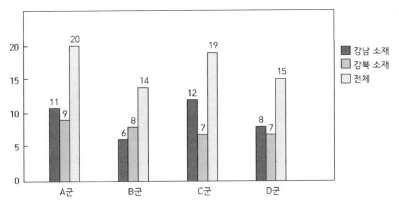

그림 3-1 서울시 사설 중국어 학원 A-D군의 분포 현황

그림 3-1을 통해 알 수 있듯이, 서울시에는 A군이 20곳으로 제일 많이 분포되어 있으며, 그 뒤로 C군 19곳과 D군 15곳, 그리고 B군 14곳 순으로 나타난다. 군별로 차지하는 비율을 살펴보면 A군 29%, C군 28%, D군 22%, B군 21%로 모두 20%대의 비율을 보이고 있으며, A군과 B군의 차이가 8%에 그치고 있어 전체적으로 군 사이의 격차가 그리 크지 않음을 알 수 있다. 강남과 강북 지역으로 나누어 살펴보면 강남은 C군, A군, D군, B군 순으로, 비율이 가장 높은 C군과

1) 서울 시내 25개 구에서 사설 중국어 학원이 존재하지 않는 세 구(관악구, 성북구, 광진구)를 제외한 수이다.

가장 낮은 B군의 차이가 2배를 보이는 반면, 강북은 A군, B군, C군과 D군 순으로, 군 별 차이가 거의 나타나지 않고 있다.

3.1.1 수강 형태

본 고는 중국어 수업의 가장 기본이 되는 회화 수업과 HSK 수업이 서울시 사설 중국어 학원에서 어떠한 수강 형태로 진행되고 있는지 살펴보기 위해 일대일 수업과 그룹 수업의 비율을 구별로 살펴보고자 한다. 먼저, 다음은 회화 수업에서 나타나는 수강 형태가 구별로 어떻게 분포되어 있는지에 대한 내용을 정리한 표이다.

표 3-2 서울시 사설 중국어 학원의 회화 수업 수강 형태　　　　단위 (%)

강남 소재 구	회화		강북 소재 구	회화	
	일대일	그룹		일대일	그룹
금천구	100	0	마포구	100	0
동작구	75	25	동대문구	75	25
영등포구	50	50	은평구	50	50
구로구	50	50	중랑구	50	50
강서구	50	50	성동구	33	66
서초구	25	75	도봉구	0	100
송파구	25	75	노원구	0	100
강동구	25	75	종로구	0	100
강남구	0	100	용산구	0	100
양천구	0	100	강북구	0	100
			서대문구	0	100
			중구	0	100
강남통계	40	60	강북통계	26	74
전체통계	33	67			

먼저, 회화 수업을 기준으로 살펴보면, 총 3가지 그룹으로 나눠 볼 수 있다. 첫 번째, 100% 일대일 수업으로만 이루어지는 구이다. 이는 전체의 9%만이 해당 하며, 금천구와 마포구에서 나타난다. 두 번째, 일대일 수업과 그룹 수업이 모두 이루어지는 구로 전체의 50%가 이에 해당된다. 구마다 비율 차이를 보이고 있는 데 동작구와 동대문구에서는 일대일 수업이 75%, 그룹 수업이 25%로, 영등포구, 구로구, 강서구, 은평구, 중랑구에서는 일대일 수업과 그룹 수업이 50%씩 같은 비율로 이뤄지고 있다. 또한, 성동구는 일대일 수업은 33%, 그룹 수업은 66%의 비율로, 서초구, 송파구, 강남구는 일대일 수업은 25%, 그룹 수업은 75%의 비율 로 나타난다. 세 번째, 회화수업이 100% 그룹 수업으로만 이루어지는 구이다. 이 는 전체의 41%를 차지하며, 강남구, 양천구, 도봉구, 노원구, 종로구, 용산구, 강 북구, 서대문구, 중구에서 나타난다.

강남과 강북 지역으로 나누어 살펴보면 강남 지역은 일대일 수업과 그룹 수업 이 40%와 60%로 약 20%의 차이가 나는 반면, 강북 지역은 26%와 74%로 약 50% 의 차이가 나는 것으로 나타난다. 즉, 두 지역 모두 일대일 수업보다 그룹 수업의 비율이 높게 나타나지만 강북 지역이 강남 지역에 비해 그룹수업의 비율이 더 높다는 것을 알 수 있다. 서울시 전체 통계로 보면 회화수업은 일대일 수업으로 진행되는 비율이 33%, 그룹 수업으로 진행되는 비율이 67%로 그룹 수업이 일대 일 수업보다 두 배 더 많게 나타나고 있다.

표 3-3에 HSK 수업의 일대일 수업과 그룹 수업이 구 별로 어떻게 분포되어 있는지 정리하였다.

HSK 수업을 역시 세 가지 그룹으로 나눠 볼 수 있다. 첫 번째, 100% 일대일 수업으로만 이루어지는 구이다. 총 3구로 전체의 14%를 차지하며, 금천구와 마 포구, 영등포구에서 나타난다. 두 번째, 일대일 수업과 그룹 수업이 모두 이루어 지는 구이다. 총 11구에서 이루어지며 전체의 59%를 차지한다. 세부적인 비율을 살펴보면, 동작구는 일대일 수업이 75%, 그룹 수업이 25%, 구로구는 일대일 수업이 66%, 그룹 수업이 33%로 나타나며, 강서구, 은평구, 중랑구는 일대일 수업과 그룹 수업이 50%씩 같은 비율로 나타난다. 또한, 서초구, 양천구, 도봉구, 노원구는 일대일 수업이 33%, 그룹 수업이 66%의 비율로, 강동구, 송파구는 일대일 수업이 25%, 그룹 수업이 75%로 나타난다. 세 번째, 회화수업이 100% 그룹 수업으로만 이루어지는 구이다. 이는 전체의 27%를 차지하며, 총 5구, 강남구, 종로구, 용산구, 강북구, 서대문구, 중구에서 나타난다.

표 3-3 서울시 사설 중국어 학원의 HSK수업 수강 형태 　　단위 (%)

강남 소재 구	HSK		강북 소재 구	HSK	
	일대일	그룹		일대일	그룹
금천구	100	0	마포구	100	0
영등포구	100	0	동대문구	100	0
동작	75	25	성동구	100	0
구로구	66	33	중랑구	50	50
강서구	50	50	은평구	50	50
서초구	33	66	도봉구	33	66
양천구	33	66	노원구	33	66
강동구	25	75	종로구	0	100
송파구	25	75	용산구	0	100
강남구	0	100	강북구	0	100
			서대문구	0	100
			중구	0	100
강남 통계	51	49	강북 통계	39	61
전체 통계	45	55			

강남과 강북 지역으로 나누어 살펴보면 강남 지역은 일대일 수업과 그룹 수업이 51%와 49%로 거의 비슷한 비율을 보이고 있지만 강북 지역은 39%와 61%로 그룹 수업이 일대일 수업보다 22% 더 많이 진행되는 것으로 나타난다. 특히, 강

남 지역의 경우 근소한 차이지만 일대일 수업이 그룹 수업의 비율보다 더 높으나 강북 지역은 여전히 그룹 수업의 비율이 더 높다는 차이를 보인다. 하지만 회화 수업일 때와 비교해보면 강북 지역 역시 일대일 수업의 비율이 높아졌음을 알 수 있다. 서울시 전체 통계로 보면 HSK 수업을 기준으로 일대일 수업 비율이 45%, 그룹 수업 비율이 55%로 10%의 차이를 보이고 있다. 이는 회화 수업일 때 34%의 차이를 보였던 것과 비교하면 양 간의 차이가 많이 줄어들었음을 알 수 있다. 이를 통해, 회화 수업보다 HSK 수업일 경우 그룹 수업보다는 일대일 수업으로 진행하는 학원의 비율이 더 높다는 것을 알 수 있다.

3.1.2 수강료

본 고는 사설 중국어 학원의 수강료가 과목, 수강 형태, 그리고 지역별로 어떠한 차이를 보이는지 알아보기 위하여 회화 수업과 HSK 수업의 10분 당 수강료를 일대일 수업과 그룹 수업으로 나누어 살펴보고, 이를 다시 강남과 강북 지역으로 나누어 비교해보고자 한다. 표 3-4에 회화 수업의 일대일 수업과 그룹 수업 수강료에 대한 구체적인 현황을 정리하였다.

표 3-4를 통해 알 수 있듯이, 일대일 회화 수업 수강료는 총 13구의 10분 당 수강료가 분석대상이 되었으며, 미응답을 보인 한 구와 일대일 회화 수업이 없는 8구는 분석에서 제외 되었다. 일대일 회화 수업을 기준으로 하였을 때, 서울에서 가장 높은 수강료를 보인 곳은 동작구로 10분 당 5,919원으로 조사되었다. 영등포구가 그 뒤를 잇고 있으며 수강료는 10분 당 5,000원으로 나타났다. 이렇게 10분당 학원비가 5,000원이 넘는 학원들은 모두 강남 소재에 있는 구로 확인 되었으며, 이들은 전체의 23%를 차지하고 있다. 10분당 평균 3,000원대 수강료를 받는 학원들도 총 3구로 집계되었으며, 강서구, 금천구, 동대문구 순으로 전체의 14%를 차지한다. 평균 2,000원대 수강료를 보인 구는 전체의 38%를 차지하며,

가장 많은 비율로 나타난다. 총 5구이며, 성동구, 서초구, 마포구, 송파구, 강북구 순으로 수강료가 높게 나타났다. 마지막으로 1,000원대 수강료를 받는 구는 모두 강북 지역의 3구로 조사되었다. 전체의 14%를 차지하고 있으며, 수강료는 은평구, 중랑구, 노원구 순으로 높게 조사되었다. 구별 수강료를 종합하여 서울시 사설 중국어 학원의 10분 당 일대일 회화 수업 수강료를 통계 내보니 3,032원으로 나타났다. 강남과 강북 지역으로 나누어 살펴보면 강남은 평균 10분당 3,820원, 강북은 2,245원으로 강남이 강북보다 1.7배 높게 나타나, 지역 간 수강료의 차이가 비교적 큼을 알 수 있다..

표 3-4 서울시 사설 중국어 학원의 10분 당 회화 수업 수강료　　단위 (원)

강남 소재 구	회화		강북 소재 구	회화	
	일대일	그룹		일대일	그룹
동작구	5,919	1,666	동대문	3,052	1,111
영등포구	5,000	1,750	성동구	2,778	1,296
강서구	3,597	1,954	마포구	2,662	-
금천구	3,125	-	강북구	2,315	2,315
서초구	2,777	1,542	은평구	1,852	2,315
송파구	2,500	2,144	중랑구	1,667	1,481
강동구	미응답	1,653	노원구	1,389	1,410
양천구	-	2,843	종로구	-	1,472
구로구	-	2,043	서대문구	-	1,231
강남구	-	1,675	도봉구	-	1,142
			중구	-	1,111
			용산구	-	9,26
강남 통계	3,820	1,919	강북 통계	2,245	1,437
전체 통계	3,032	1,678			

그룹 회화 수업 수강료는 총 20구의 10분 당 수강료가 분석대상이 되었으며, 그룹 회화 수업이 없는 금천구와 마포구는 분석에서 제외 되었다. 그룹 회화 수업의 경우, 가장 높은 수강료를 보인 곳은 강남 소재의 양천구로, 평균 10분당 2,843원으로 조사되었다. 이 외에도 평균 10분 당 2,000원대의 수강료를 보인 구는 강북구, 은평구, 송파구, 구로구, 총 5구로, 전체의 25%를 차지한다. 그룹 회화 수업 수강료의 70%는 평균 1,000원대로 집계 되며, 총 14구가 이에 속한다. 1,000원 미만대의 수강료를 보인 곳도 유일하게 한 곳으로 나타났으며, 전체의 5%를 차지한다. 이는 용산구로, 수강료가 926원이며 최고 수강료인 양천구와 비교해 봤을 때 3배가량의 큰 차이를 보이고 있다. 강남과 강북 지역으로 나누어 수강료 차이를 살펴보면, 강남 지역은 평균 10분 당 1,919원, 강북 지역은 1,437원으로 강남지역이 강북보다 1.3배 높게 나타난다. 이를 다시 일대일 회화 수업 수강료와 비교해 보면, 강남의 수강료가 강북의 수강료보다 높다는 것은 여전히 동일하지만 강남과 강북 간의 수강료 차이가 일대일 수업보다 그룹 수업에서 더 조금 난다는 차이가 있다. 서울 전체 그룹 회화 수업 수강료는 평균 10분당 1,678원으로 일대일 회화 수업의 평균 수강료인 3,032원의 약 1/2 수준으로 집계 된다. 즉, 같은 회화 수업이라 할지라도 일대일 수업의 수강료가 그룹 수업보다 약 2배가량 높다는 것을 알 수 있다.

표 3-5에는 HSK 수업의 일대일 수업과 그룹 수업 수강료에 대한 구체적인 현황을 정리하였다.

일대일 HSK 수업 수강료는 총 15구의 10분 당 수강료가 분석대상이 되었으며, 동일한 과목이 진행되지 않는 7구는 분석에서 제외 되었다. HSK 수업을 기준으로 하였을 때, 서울에서 가장 높은 수강료를 보인 두 곳은 일대일 회화 수강료와 마찬가지로 강남 소재의 동작구와 영등포구로 나타났으며, 수강료 또한 동일하게 10분당 5,919원과 5,000원으로 조사되었다. 이렇게 10분당 평균 5,000원 이상의 수강료를 보인 두 구는 전체의 13%를 차지한다. 10분당 4,000원대 수강료를 보인 곳도 총 2구로 집계되는데 이들 역시 강남 소재에 있는 금천구와 서초구로 전체의 13%를 차지하고 있으며, 10분 당 평균 3,000원대 수강료를 받는 구는 총 3곳으로 전체의 20%를 차지하고 있다. 10분당 2,000원대 수강료를 받는 구는 모두 6곳으로 전체의 40%를 차지하며 가장 높게 나타났으며, 이 중 다섯 구는 강북 소재의 구로 조사되었다. 마지막으로 평균 1,000원대의 수강료를 받는 구는 모두 강북 소재의 노원구와 중랑구로 전체의 13%를 차지하고 있다. 구별 수강료를 통계 내보면 서울시 사설 중국어 학원 일대일 HSK 수업 10분 당 수강료는 3,318원으로 조사되었으며, 이는 일대일 회화 수업의 수강료 3,032원보다 약 10% 높은 금액이다. 즉, 같은 일대일 수업이라 할지라도 회화 수업보다 HSK수업의 수강료가 더 높다는 것을 알 수 있다.

표 3-5 서울시 사설 중국어 학원의 10분 당 HSK 수업 수강료　　단위(원)

강남 소재 구	HSK		강북 소재 구	HSK	
	일대일	그룹		일대일	그룹
동작구	5,919	1,666	마포구	3,339	-
영등포구	5,000	6,666	동대문구	2,636	-
금천구	4,821	-	은평구	2,454	3,009
서초구	4,583	2,600	강북구	2,315	2,315
강서구	3,785	2,367	도봉구	2,315	1,088
송파구	3,333	2,743	성동구	2,099	-
강동구	2,500	1,861	노원구	1,852	1,972
양천구	-	4,375	중랑구	1,852	2,037
구로구	-	2,564	서대문구	-	1,617
강남구	-	1,954	종로구	-	1,130
			중구	-	1,000
			용산구	-	9,26
강남 통계	4,277	2,977	강북 통계	2,358	1,677
전체 통계	3,318	2,327			

강남과 강북 지역으로 나누어 살펴보면 강남 지역은 86%가 모두 평균 이상의 수강료로 나타낸 반면, 강북은 88%가 평균 이하의 수강료로 나타나 지역 간의 수강료 차이가 비교적 크다는 것을 알 수 있다. 자세히 살펴보면, 강남은 평균 10분당 4,277원, 강북은 ,2358원으로 강남이 강북보다 1.8배 높게 나타나고 있다.

그룹 HSK 수업 수강료는 총 18구의 10분 당 수강료가 분석대상이 되었으며, 동일한 수업이 없는 4구는 분석에서 제외 되었다. 그룹 HSK 수업의 경우, 가장 높은 수강료를 받는 곳은 강남 지역의 영등포구로, 평균 10분 당 6,666원으로 조사되었고, 두 번째로 높은 수강료를 받는 곳 역시 강남 지역의 양천구로 평균 10분 당 4,375원으로 나타났다. 평균 10분 당 3,000원대 수강료를 받는 곳은 단 한 곳, 강북 소재의 은평구로 평균 10분 당 3,009원으로 조사되었으며, 2,000원대의 수강료를 받는 구는 총 6곳으로 전체의 33%를 차지하고 있다. 또한, 1,000원대의 수강료는 총 8구에서 나타났으며, 이는 전체의 44%로 가장 높은 비율을 차지하고 있다. 평균 10분 당 1,000원 미만의 수강료를 받는 곳도 한 구가 존재하는데 이는 그룹 회화 수강료에서도 가장 낮은 금액을 보였던 구와 동일한 용산구이다. 용산구의 평균 수강료는 10분 당 926원으로 최고 수강료인 영등포구와 비교해 봤을 때 6배 이상의 큰 차이를 보이고 있다.

강남과 강북 지역으로 나누어 수강료를 살펴보면, 강남은 평균 10분 당 2,977원, 강북은 1,677원으로 강남지역이 강북지역보다 1.7배 높게 나타나고 있다. 일대일 HSK수업 수강료와 비교해 보면 강남의 수강료가 강북의 수강료보다 여전히 높으며, 그 차이 역시 거의 비슷한 비율로 나타난다는 것을 알 수 있다. 서울 전체 그룹 HSK 수업 수강료는 평균 10분당 2,327원으로 일대일 HSK 수업의 평균 수강료인 3,318원과 약 1,000원 정도의 차이가 나는 것으로 나타난다. 즉, 같은 HSK 수업이라 할지라도 일대일 수업의 수강료가 그룹 수업보다 약 1.4배가량 높다는 것을 알 수 있다. 이는 회화 수업에서 일대일 수업과 그룹 수업의 수강료가 2배정도 차이가 났던 것보다 HSK 수업의 경우는 그 차이가 더 적게 나타남을 보여준다. 또한, 그룹 HSK 수업 수강료 2,327원은 그룹 회화 수업의 수강료보다 649원이 높은 금액으로, 같은 그룹 수업이라 할지라도 HSK 수강료가 회화 수업 수강료보다 약 1.4배 높다는 것을 알 수 있다.

표 3-6은 일대일 학원, 소형 학원, 중형 학원, 대형학원을 A, B, C, D군으로 나눈 학원들의 수강료 통계이다.

표 3-6 A-D군 학원의 10분 당 수업 수강료　　　　　　　단위(원)

	강남 소재		강북 소재		서울시 전체	
	회화	HSK	회화	HSK	회화	HSK
A	4,169	4,806	2,514	2,819	3,342	3,813
B	2,750	4,113	1,632	2,083	2,191	3,098
C	2,208	2,771	1,406	1,504	1,807	2,138
D	1,603	1,688	1,216	1,381	1,410	1,535

표에서 알 수 있듯이, 평균 수강료가 A, B, C, D군 순으로 높게 나타난 것으로 보아, 수강인원이 적을수록 수강료가 높아짐을 알 수 있으며, A-D군 모두 강남 소재의 수강료가 강북 소재의 수강료보다 높게 나타나는 것으로 보아 학원 규모에 상관없이 모두 강남 소재의 수강료가 높다는 것을 알 수 있다. 또한, A군과 D군을 비교해 보면 강남 지역은 회화 수업과 HSK 수업 수강료 모두 3배가량 차이가 나며, 강북 지역 역시 2배가량 차이가 나는 것을 볼 수 있다. 이렇게 같은 수업이라 하더라도 수강 인원에 따라 수강료가 몇 배 이상의 차이를 보이는 것을 알 수 있다. 과목별 강남과 강북 지역의 수강료 차이를 살펴보면, 회화수업은 강남과 강북 간 차이가 A군에서 1655원의 차이로 가장 많이 보이고 있고, D군이 387원으로 가장 작은 차이를 보였으며, HSK 수업은 강남과 강북 간 차이가 B군에서 2030원의 차이로 가장 높게 나타났고 D군에서 307원으로 가장 적은 차이를 보였다. 즉, 회화 수업의 경우, 일대일 학원이 강남과 강북간의 수강료 차이가

가장 많이 나며, 대형 학원은 과목에 상관없이 모두 강남과 강북의 수강료 차이가 가장 작게 나타남을 알 수 있다.

서울 전체 과목별 수강료 차이를 살펴보면, B군에서 907원으로 가장 많은 차이를 보이며, D군은 125원으로 가장 작은 차이를 보인다. 다시 말해, 같은 규모의 학원이라 할지라도 소형 학원은 과목별 수강료 차이가 크지만, 대형 학원은 과목별 수강료 차이가 크지 않은 것으로 나타난다. 이 외에도 A군과 D군에 속하는 같은 브랜드의 학원이라도 할지라도 구에 따라 수강료의 차이가 나타나기도 한다.

3.1.3 원어민 교사

본 고는 서울시 사설 중국어 학원의 원어민 교사의 유무와 그 수가 어떻게 분포되어 있는지 구별로 나누어 살펴보고, 이를 다시 강남과 강북 지역으로 나누어 비교해보고자 한다. 그림 3-2는 서울시 사설 중국어 학원의 원어민 교사의 유무와 그 분포 현황을 조사한 내용이다.

서울시 사설 중국어 학원의 72%는 원어민 교사가 있는 것으로 조사되었다. 이를 다시 강남과 강북 소재로 나누어 살펴보면, 강남 소재는 78%, 강북 소재는 66%으로 조사되어 강남 지역의 학원들이 강북보다 12% 더 많은 원어민 교사가 있는 것으로 확인되었다.

원어민 교사의 수를 자세히 살펴보면, 서울시 전체적으로 3명 이하의 원어민 교사가 있는 학원이 37%, 4명 이상의 원어민 교사가 있는 학원이 35%로 나타나, 3명 이하의 원어민 교사 비율이 4명 이상의 원어민 교사 비율보다 2% 높게 나타나지만 그 차이는 미비함을 알 수 있다. 이를 다시 강남과 강북 소재로 나누어 살펴보면, 강남 지역은 원어민 교사가 3명 이하인 곳이 58%, 4명 이상인 곳이 20%로, 3명 이하의 원어민 교사가 있는 학원이 4명 이상의 원어민 교사가 있는

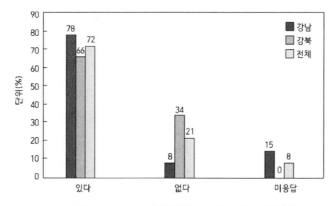

	원어민 교사 수		
	3명 이하	4명 이상	총
강남	58%	20%	78%
강북	17%	49%	66%
전체 통계	37%	35%	72%

그림 3-2 서울시 사설 중국어 학원의 원어민 교사 수 현황

학원보다 약 3배 정도 많은 것으로 나타났다. 이와는 반대로, 강북 지역은 원어민 교사가 3명 이하인 학원이 17%에 불과하고, 4명 이상인 학원이 49%에 달해, 원어민 교사가 4명 이상 있는 학원이 3명 이하보다 약 3배 정도 많게 나타났다. 이를 통해 강남 지역의 학원 중 원어민 교사가 3명 이하인 학원이 강북 소재보다 3배 넘게 많지만, 원어민 교사가 4명 이상인 학원은 강남 지역이 강북에 비해 1/2에도 미치지 못한다는 것을 알 수 있다.

이 외에도 서울시 사설 중국어 학원의 21%은 원어민 교사가 없는 것으로 나타나며, 강남 지역 8%, 강북 지역 34%로 강북 지역의 비율이 강남의 1/4 수준으로 조사되었다. 또한, 미응답 비율은 강남 지역 15%, 강북 지역 0%, 전체 8%로 나타난다.

표 3-7에 원어민 교사의 수를 A-D군 유형별로 나누어 정리하였다.

표 3-7 A-D군의 원어민 교사 수 현황   단위(%)

		있음			없음	미응답
		3명 이하	4명 이상	전체		
A군	강남 소재	73	9	82	0	18
	강북 소재	22	44	66	33	0
	전체	47.5	26.5	74	17	9
B군	강남 소재	83	0	83	0	17
	강북 소재	25	13	38	63	0
	전체	54	7	60.5	31.5	8.5
C군	강남 소재	33	25	58	8	33
	강북 소재	14	57	71	29	0
	전체	23.5	41	64.5	18.5	17
D군	강남 소재	38	38	75	25	0
	강북 소재	14	86	100	0	0
	전체	26	62	87.5	12	0

원어민 교사가 있는 학원의 비율은 A군 74%, B군 60.5%, C군 64.5%, D군 87.5%로, 대형학원이 가장 높았고, 일대일 학원과 중형학원이 그 뒤를 이었으며, 소형학원이 가장 낮은 것으로 나타났다. 이를 다시 강남과 강북 지역으로 나누어 살펴보면, 강남 지역은 B군 83%, A군 82%, D군 75%, C군 58%의 순으로 나타나 며, 강북은 D군 100%, C군 71%, A군, 66% B군 38%으로 순으로 나타나 비율상의 차이를 보였다.

특히, 강남 지역에서 가장 높은 비율을 보였던 B군이 강북 지역에서 가장 낮은 비율을 보이면서, 소형학원의 원어민 교사 비율이 강남과 강북 지역 간에 45%라 는 큰 차이를 보였다.

각 군별 원어민 교사의 수를 살펴보면, A군은 원어민 교사가 3명 이하인 곳이 47.5%, 4명 이상인 곳이 26.5%로 나타나 일대일 학원에서는 3명 이하의 원어민 교사가 더 많다는 것을 알 수 있다. 강남과 강북 지역으로 나누어 살펴보면, 강남 소재의 일대일 학원에서는 원어민 교사가 대부분 3명 이하로 집중되어 있으며, 강북 소재의 일대일 학원은 4명 이상의 원어민 교사가 3명 이하보다 두 배 많다는 것을 알 수 있다. 또한, 강남 지역의 일대일 학원은 모두 원어민 교사가 있지만 강북 지역 일대일 학원의 33%는 원어민 교사가 없는 것으로 나타났다.

B군은 원어민 교사가 3명 이하인 곳이 54%, 4명 이상인 곳이 7%으로 나타나, 소형학원은 3명 이하의 원어민 교사에 집중되어 있음을 알 수 있다. 이를 다시 강남과 강북 소재로 나누어 살펴보면, 강남 지역은 원어민 교사가 모두 3명 이하로 나타났고, 강북 지역은 원어민 교사가 3명 이하인 곳이 25%, 4명 이상인 곳이 13%로 3명 이하인 곳이 약 2배 정도 높게 나타났다. 또한, 소형학원 역시 일대일 학원과 마찬가지로 강남 소재의 학원은 모두 원어민 교사가 있지만 강북의 경우는 63%가 원어민 교사가 없는 것으로 나타나 지역 간의 큰 차이를 보였다.

C군은 원어민 교사가 3명 이하인 곳이 23.5%, 4명 이상인 곳이 41%로, 중형학원부터는 원어민 교사가 4명 이상인 경우가 더 높게 조사되었다. 이를 다시 강남과 강북 지역으로 나누어 살펴보면, 강남 지역은 원어민 교사가 3명 이하인 곳이 33%, 4명 이상인 곳이 25%, 강북 지역은 원어민 교사가 3명 이하인 곳이 14%, 4명 이상인 곳이 57%로 나타났다. 강남지역의 중형학원은 3명 이하인 곳이 4명 이상인 곳보다 높게 나타났으나, 강북 지역은 4명 이상인 곳이 3명 이하인 곳보다 3배 이상 많은 것으로 나타났다. 또한, 강남 지역의 중형학원은 원어민 교사가 없는 비율이 8%인 반면 강북은 29%로 여전히 강북 지역의 원어민 교사가 부족한 것으로 나타났다.

D군은 원어민 교사가 3명 이하인 곳이 26%, 4명 이상인 곳이 62%로 나타나, 중형학원과 동일하게 원어민 교사가 4명 이상인 경우가 더 높게 조사되었다. 이를 다시 강남과 강북 소재로 나누어 살펴보면, 강남 지역은 원어민 교사가 3명 이하인 곳과, 4명 이상인 곳이 모두 38%로 동일한 비율로 나타났고, 강북 지역은

원어민 교사가 3명 이하인 곳이 14%, 4명 이상인 곳이 86%로 4명 이상인 곳이 3명 이하인 곳보다 6배 이상 많은 것으로 나타났다. 또한, 강남 소재의 대형학원은 원어민 교사가 없는 비율이 25%인 반면 강북은 0%로 유일하게 대형학원에서만 강남 지역의 원어민 교사가 강북 지역에 비해 부족한 것으로 나타났다.

3.1.4 수업 형태

서울시 사설 중국어 학원에서 어떠한 수업들이 진행되고 있는지 살펴보기 위해 각 구별 학원들의 수업 형태를 분석해 보고자 한다. 본 고는 수업 형태를 회화수업, HSK, 작문, 독해, 통번역, 기타와 같이 여섯 항목으로 나누어서 조사하였으며, 이에 대한 구체적인 내용은 표 3-8과 같다.

총 여섯 항목 중, 회화수업은 서울시 모든 구에서 100%의 비율을 보이고 있어, 모든 사설 중국어 학원에서는 회화 수업이 진행되고 있음을 알 수 있다. HSK 수업 역시 단 3개의 구만을 제외 하고 모두 100%를 보이며 전체적으로 93%라는 높은 비율을 보인다. 3개의 구는 모두 강남 지역에 속하며 이 곳 중 2곳은 75%라는 비교적 높은 비율을 보였으나, 영등포구만 25%로 낮게 나타난다. 이를 강남과 강북지역으로 나누어 보면 강남 85%, 강북 100%으로 강남보다 강북에서 HSK 수업이 더 많이 진행되고 있음을 알 수 있다.

작문과 독해 수업의 비율은 구마다 다양하게 나타나지만, 두 과목의 구 별 비율이 비슷하게 나타난다는 특징이 있다. 강북 지역은 두 과목의 비율이 동일하며, 강남 지역은 송파구만 제외 하고 모두 동일한 비율을 보이고 있다. 작문 수업의 비율을 살펴보면, 강남 38%, 강북 47%, 전체 42%로 강북이 강남보다 10% 높은 비율을 보이며, 독해는 강남 35% 강북 47%, 전체 41%로 이 역시 강북이 강남보다 12% 높은 비율을 보이고 있다. 이를 통해, 작문과 독해 수업은 서울시 사설

표 3-8 서울시 사설 중국어 학원의 구 별 수업 개설 현황   단위(%)

구		회화	HSK	작문	독해	통번역	기타
강남	강서구	100	100	50	50	25	100
	구로구	100	75	50	50	0	50
	양천구	100	75	0	0	0	100
	영등포구	100	25	25	25	0	100
	금천구	100	100	100	100	0	100
	동작구	100	100	75	75	0	75
	서초구	100	100	25	25	0	75
	강남구	100	100	0	0	0	100
	송파구	100	100	25	0	0	50
	강동구	100	75	25	25	0	75
	통계	100	85	38	35	3	83
강북	마포구	100	100	100	100	100	0
	서대문구	100	100	0	0	0	33
	은평구	100	100	75	75	0	0
	종로구	100	100	0	0	25	50
	중구	100	100	0	0	0	0
	용산구	100	100	0	0	0	0
	강북구	100	100	100	100	0	0
	동대문구	100	100	75	75	0	0
	도봉구	100	100	33	33	0	0
	성동구	100	100	100	100	0	0
	노원구	100	100	33	33	0	33
	중랑구	100	100	50	50	0	0
	통계	100	100	47	47	10.5	10
전체		100	93	42	41	7	46

중국어 학원의 약 40%정도에서 이루어지고 있으며, 강남에 비해 강북에서 10% 가량 더 많이 이루어지고 있음을 알 수 있다. 통번역 수업[2]은 전체적으로 7%라는 낮은 비율을 보이고 있다. 강남과 강북 지역으로 살펴보면, 강남 지역은 통번역 수업이 단 한 곳으로 3%를 차지하는 반면, 강북 지역은 10%로 강남에 비해 다소 높은 비율을 차지하고 있다. 같은 브랜드의 대형 학원이라 할지라도 통번역 반이 강남지점에서는 운영되지 않고 종로지점에서만 운영되는 곳도 있어 강북 지역의 비율이 높게 나타난 것으로 추정된다. 마지막으로 기타 수업은 앞서 살펴본 5가지 과목외의 수업들로, 전체 46%의 학원들이 각기 다양한 수업으로 운영되고 있다. 지역별로 살펴보면, 강남 83%, 강북 10%로, 강남 학원들이 강북보다 8배 높게 기타 과목들을 더 많이 개설하고 있음을 알 수 있다. 기타 과목에 해당하는 수업들은 초·중·고 학생들을 대상으로 한 초등 영재 반, 주니어 반, 내신 반, 입시 대비반, 유학 대비반, 외고 특별과정 반, 경시대회 반 등이 있으며, 직장 성인들을 대상으로 하는 비즈니스 반과 각종 시험(CPT, OPIC, TSC) 대비반이 있다. 시청각 중국어 수업인 애니메이션 중국어, 드라마 중국어, 스크린 중국어, 중국 뉴스 반도 있으며, 취업을 목적으로 하는 공채대비 취업 솔루션 반, 국제 의료 관광 중국어 전문가 취업 연계 과정 반, 중국어 강사 양성 반, 승무원 중국어 반 등도 있다. 이 외에도 특정 대상을 대상으로 한 주부반과 귀국 학생 반이 있으며, 여행을 위한 관광 여행 중국어 반도 있었다.

서울시 사설 중국어 학원을 A-D군 유형별로 나누어 각 군에 해당하는 수업 형태를 분류하였더니 다음과 같은 비율로 나타났다.

---

2) 통번역 수업은 통번역 대학교 입시반이 아닌 순수 통번역 수업만을 기준으로 삼았다.

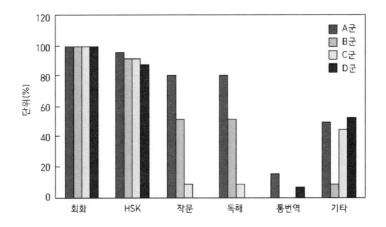

		회화	HSK	작문	독해	통번역	기타
A군	강남 소재	100	91	73	73	10	100
	강북 소재	100	100	89	89	22	0
	전체	100	96	81	81	16	50
B군	강남 소재	100	83	17	17	0	17
	강북 소재	100	100	88	88	0	0
	전체	100	92	52	52	0	9
C군	강남 소재	100	83	17	17	0	75
	강북 소재	100	100	0	0	0	14
	전체	100	92	9	9	0	45
D군	강남 소재	100	75	0	0	0	63
	강북 소재	100	100	0	0	14	43
	전체	100	88	0	0	7	53

단위(%)

그림 3-3 서울시 사설 중국어 학원 A-D군 수업 형태 현황

회화 수업은 A, B, C, D군 모두 100%의 비율을 보이고 있으며, HSK 수업은 A군 96%, B군 92%, C군 92%, D군 88%의 비율로 일대일 학원에서 대형학원으로 갈수록 비율이 낮아진다. 이 비율은 강북 지역 HSK 수업이 100%이므로 강남 지역의 비율에 따라 달라진 것임을 알 수 있다. 작문과 독해 수업의 군 별 비율은

완전히 일치하며, A군에서 D군으로 갈수록 그 비율이 81%, 52%, 9%, 0%로 크게 감소하고 있다. 다시 말해, 작문과 독해 수업은 대부분 일대일 수업과 소형 학원에서 주로 이루어지고 있다는 것이다. 각 군별로 살펴보면, A군이 81%로 제일 높게 나타나며, 강남 지역 73%, 강북 지역 89%로 강북에서 더 높은 비율을 보이지만 대체적으로 두 지역 간의 차이가 크지 않음을 알 수 있다. B군은 작문과 독해 수업이 52%로 나타나지만, 강북이 88%의 비율로 강남 17%보다 4배 이상 높은 비율을 보여 지역 간의 격차가 큼을 보여준다. C군은 전체 9%만이 작문과 독해 수업이 이루어지는데 강북 지역에서는 0%를 보여 강남 지역에서만 이루어지고 있음을 알 수 있다. 마지막으로 D군에서는 작문과 독해 수업이 모두 개설되지 않는 것으로 나타났다. 통번역 수업은 A군과 D군에서만 16%와 7%의 비율로 이뤄지며, B와 C군에서는 나타나지 않는다. A군은 강북이 강남보다 12% 높게 나타나며, D군은 강북에서만 14%의 비율로 나타나 여전히 강북의 비율이 높은 것으로 나타난다. 마지막으로 기타 수업의 비율은 대형학원인 D군에서 53%로 가장 높게 나타나며, 그 뒤로 A군 50%, C군 45%,, B군 9%순으로 나타난다. 또한, D군, A군, C군에 비해 B군의 비율이 확연히 낮게 나타남을 알 수 있다. 각 군별 기타 수업을 살펴보면, A군은 유학대비반 한 곳이 있었으며, B군은 대부분이 초·중·고 학생들을 대상으로 하는 수업들이 80% 이상을 차지하고 있었다. C군은 유치부와 초·중·고 학생들을 대상으로 한 과목이 50%를 차지하고 있었으며, 이 외에도 직장인을 대상으로 한 비즈니스와 각종 시험 대비반도 있었다. D군에서는 더 이상 초중고생을 대상으로 하는 수업은 나타나지 않았으며, 대부분이 성인을 대상으로 한 시험 대비반과 취업 대비반, 그리고 다양한 시청각 수업들이 주를 이루고 있었다.

3.2 온라인 중국어 교육

현재 등록되어 있는 온라인 중국어 학원은 15개이다. 본 장에서는 비교적 규모가 큰 5개 온라인 학원의 현황을 조사하였다.

3.2.1 수업 운용 및 강좌 현황

온라인 중국어 강좌 수업료 현황을 보면, 거의 모든 학원이 각 강좌당 비용을 받거나 정액권으로 모든 강좌를 들을 수 있는 방식 이렇게 두 가지를 채택하고 있다. 각 강좌당 비용은 테이터가 방대하고 일률적이지 못해 본 조사에서는 생략하였고, 5개 온라인 학원의 정액권 비용 현황을 비교 하였다. 정액권은 일반적으로 1개월권, 3개월권, 6개월권, 1년권, 평생회원권 5개로 나누어져 있다. 정액권을 구매하면 정액권에 정해진 기간 동안 온라인 학원에 등록된 모든 강좌를 시청할 수 있다. 1개월 정액원의 비용은 평균 63,000원 이고, 3개월 정액원의 비용은 평균 190,600원, 6개월 정액원의 비용은 평균 262,600원, 1년 정액원의 비용은 평균 353,500원, 평생회원권의 비용은 평균 518,000원으로 조사 되었다. 1개월권, 1년권, 평생회원권은 학원마다 조금씩 다르지만 3개월권, 6개월권은 모든 학원이 운용을 하고 있다.(표 3-9 참조)

온라인 중국어 학원의 강사 현황을 살펴보면, 한국인 강사수는 평균 4.6명이다. M학원은 다른 강사 없이 1명의 한국인이 모든 강좌에 출현하고 있다. C학원은 별도의 한국인 강사가 없고 원어민 강사만 있는 것으로 조사되었다. 원어민 강사수는 평균 1.4명이다. C학원은 원어민 강사 4명 외에 현지인이 상황별로 출

현하여 상황극을 만들어 실생활에서 중국어가 사용되는 형식을 자연스럽게 보여 주는 방식으로 강좌를 운용하고 있는 것으로 조사 되었다.(표 3-10 참조)

표 3-9 온라인 중국어 학원 수업료

비용 \ 학원구분		M학원	H학원	C학원	P학원	J학원	평균
수업료 (원)	1개월	X	X	63,000	X	X	63,000
	3개월	168,000	169,000	158,000	299,000	159,000	190,600
	6개월	248,000	239,000	268,000	319,000	239,000	262,600
	1년	348,000	339,000	388,000	X	339,000	353,500
	평생회원	448,000	X	588,000	X	X	518,000

표 3-10 온라인 중국어 학원 강사 현황

강사수 \ 학원구분		M학원	H학원	C학원	P학원	J학원	평균
강사수 (명)	한국인	1	6	0	13	3	4.6
	원어민	0	0	4	2	1	1.4

온라인 학원에 등록된 강좌수를 살펴보면, 평균 2363.2개의 강좌가 등록이 되어있다. M학원은 등록된 강좌수는 6364개로 타 학원에 비해 압도적으로 많다. (표 3-11 참조)

표 3-11 등록 된 강좌 수

강좌수 \ 학원구분	M학원	H학원	C학원	P학원	J학원	평균
등록 강좌수(개)	6364	1232	300	865	3055	2363.2

온라인 강좌 시간을 살펴보면, 회화 강좌는 1회당 평균 17.8분이고, HSK 강좌는 1회당 평균 41.25분이다. 각 학원의 강좌시간은 절대적인 수치가 아니며 각

학원에 등록된 강좌 시간을 취합하여 평균 낸 것이다. 회화 강좌는 5분~25분 사이의 비교적 짧은 시간의 강좌를 운용하고 있고, HSK 강좌는 30분~50분 사이의 강좌를 운용하고 있는 것으로 조사 되었다.(표 3-12 참조)

표 3-12 1회 강좌시간

강사수 \ 학원구분		M학원	H학원	C학원	P학원	J학원	평균
1회 강좌시간(분)	회화	10	25	18	20	16	17.8
	HSK	35	50	0	30	50	41.25

온라인 학원에서 사용하는 교재는 모든 학원이 지정 교재가 있다. 지정 교재는 외부 시판용이 아닌 각 학원에서 자체 제작한 교재를 모두 사용 하고 있는 것으로 조사되었다. (표 3-13 참조)

표 3-13 등록 된 강좌 수

교재 \ 학원구분	M학원	H학원	C학원	P학원	J학원	평균
지정교재 유무	O	O	O	O	O	100%

개설된 수업 형태를 보면, 회화 수업은 모든 학원에 다 개설이 되어있어 100%의 개설률을 보인다. HSK와 작문 수업은 80% 학원에 개설이 되어 있고, 듣기와 어법/어휘 수업은 60%의 학원에 개설이 되어있다. 한자와 중국문화 수업은 40%의 학원에 개설이 되어있고, TSC, 비즈니스, 기타 수업은 20%의 학원에 개설이 되어 있다. (표 3-14 참조)

표 3-14 온라인 학원의 수업형태

수업형태＼학원구분	M학원	H학원	C학원	P학원	J학원	개설율
회화	O	O	O	O	O	100%
HSK	O	O		O	O	80%
작문	O	O	O		O	80%
듣기		O	O		O	60%
어법/어휘	O		O		O	60%
한자	O				O	40%
중국문화	O		O			40%
통번역 입시반					O	20%
TSC	O					20%
비즈니스			O			20%
기타			O			20%

강좌 시청 형태는 M학원은 PC의 IP를 최대 2개까지 등록하여 지정된 PC에서만 강좌를 시청 할 수 있다. 나머지 학원은 ID만 있으면 PC, 테블릿, 모바일을 통해 자유롭게 시청 가능한 것으로 조사되있다.(표 3-15 참조)

표 3-15 강좌 시청 형태

교재＼학원구분	M학원	H학원	C학원	P학원	J학원
강좌 시청 형태	PC IP 2개 등록	ID 사용	ID 사용	ID 사용	ID 사용

3.3　주요 백화점 문화 센터

　　서울 소재 백화점 중 문화센터가 활발히 운영되고 있는 백화점 3곳을 선정하여 그 곳에서 이루어지는 중국어 수업 형태를 살펴보고자 한다. 서울 소재의 S백화점, L백화점, H백화점은 각각 3곳, 5곳, 6곳이 있으며, 이곳에서 진행되는 문화센터 강의 중 중국어와 관련된 강의는 각각 6개, 16개, 17개로 총 39개로 나타났다. 표 3-16은 문화센터 중국어 수업의 수강인원, 수강료, 원어민 선생님의 여부 및 교과목 개설 현황에 관한 표이다.

표 3-16 서울시 백화점 문화센터의 중국어 수업 현황

		S	L	H	전체	강남	강북
수강 인원		11명	18명	-	16명	18명	15명
수강료 (10분 기준)		1,322원	1,299원	1,610원	1,438원	1,399원	1,475원
원어민 교사	있다	33%	38%	-	35%	50%	21%
	없다	67%	32%	-	50%	33%	65%
	미응답	0%	30%	-	15%	17%	15%
수업 형태	회화	83%	81%	82%	82%	78%	84%
	HSK	0%	0%	0%	0%	0%	0%
	작문	0%	0%	0%	0%	0%	0%
	독해	0%	0%	0%	0%	0%	0%
	통번역	0%	0%	0%	0%	0%	0%
	어린이 중국어	17%	19%	6%	14%	12%	16%
	기타	0%	0%	12%	4%	10%	0%

표 3-16을 보면 알 수 있듯이, 3곳의 백화점 중 H백화점의 수강인원은 비공개로 나타났기 때문에 S백화점과 L백화점의 수강인원만이 연구 대상이 되었다. 이들의 평균 수강인원은 16명으로 모두 10명 이상의 수강자 수를 보였으며, L백화점의 수강인원이 S백화점보다 1.6배 많은 것으로 나타났다. 또한, 강남지점과 강북 지점을 비교해보면 강남지점의 수강인원이 강북 지점보다 3명 더 많음을 알 수 있다.

수강료를 살펴보면, 10분을 기준으로 하였을 때 백화점 문화센터 중국어 수업의 수강료는 1,438원으로 조사되었다. 3곳 중 가장 높은 수강료를 보인 곳은 H백화점이었으며, 가장 낮은 곳은 L백화점으로, 두 곳의 수강료 차이는 약 300원 가량으로 나타났다. 이를 다시 강남 지점과 강북 지점으로 나누어 살펴보면 강북지점의 수강료가 강남지점보다 76원, 다소 높게 나타났지만 그 차이는 그리 크지 않음을 알 수 있다.

원어민 교사 현황을 살펴보면, 비공개로 나타난 H백화점을 제외하고, 백화점 문화센터 중국어 수업의 36%는 원어민 교사가 수업을 진행하며, 50%는 한국인 교사가 수업을 진행하는 것으로 나타났다. 강남과 강북으로 나누어 살펴보면, 강남지역의 원어민 교사는 50%, 강북은 21%로 나타나 강남지역일수록 원어민 교사의 비율이 높고, 강북지역일수록 원어민 교사가 없다는 것을 알 수 있다.

문화센터 중국어 수업은 회화, 어린이 중국어, 기타 수업과 같이 세 가지 형태로 나타난다. 사설 학원에서 나타나는 HSK와 작문, 독해 등의 수업은 전혀 나타나지 않으며, 강의의 대부분인 82%가 회화 수업으로 개설되고 있다. 이 외에도 비율은 낮지만 모든 문화센터 중국어 수업의 14%에서 어린이 중국어를 개설하고 있으며, 백화점 중에서도 L백화점에서 19%로 가장 높게 나타나고, H백화점은 6%로 가장 낮게 나타난다. 또한, 강북지점이 강남지점보다 어린이 중국어 수업은 4% 더 많이 진행되고 있다.

4. 서울시 중국어교육기관 특징 및 향후 발전 발향

4.1 정규과정 분석

4.1.1 대학교 중국어교육과정

우리나라 중국어 학과의 중국어 교육이 1990년대까지 '문학 중심'의 교육이었다면 2000년대는 '문학중심'에서 '중국어 중심'으로 변화하는 단계였고 현재는 '중국어 중심의 교육이 세분화되고 특성화되고 있는 단계'이다. 사회 변화의 요구에 따라 중국어 교육의 수요가 급증하고 있고 그에 따라 중국어 관련학과의 신설과 교양 중국어 강좌가 갈수록 증가하고 있다. 하지만 중국어 교육의 역사가 오래되지 않고 20년 정도의 단기간에 형성이 되었기 때문에, 중국어 교육 강좌의 증가 속도에 비해서 올바른 교수법이나 중국어 교육 체계 등이 미흡한 것이 사실이다. 중국어 수요에 맞춘 올바른 체계를 갖추지 않는다면 중국어 교육의 양적인 증가는 지속되겠지만 질적인 증가는 장담할 수 없다. 이러한 양적인 증가만 지속된다면 한국도 일본과 같이 중국어 학습자는 엄청나게 많지만 실질적으로 중국어를 구사할 수 있는 학습자는 극소수가 되는 결과를 초래할 수도 있다.

중국어 교육이 올바른 체계를 갖추기 위해서는 대학에서 한국인·원어민을 위한 교수법 강좌를 개설하여 교수자가 올바른 교수법을 습득하고 활용할 수 있게 적극적으로 나서서 교육해야 한다. 그리고 이러한 자질을 갖춘 준비된 교수자들을 실제 강의 현장에 투입해야 한다.

교수자들은 교수법에서 배운 내용을 바탕으로 하여 자신만의 교수법을 개발해야 하며 학습자들에게 효율적인 교육방법을 지속적으로 연구하고 고민해야 한다.

대학의 교재는 어떤 교수자가 강의를 맡아도 학습 내용이 연계될 수 있도록 지정교재를 사용해야한다. 교재를 지정하는데 있어서도 외부적인 요건에 흔들리지 말고 교재 자체의 연계성·효율성·우수성을 평가하여 좋은 교재를 선정해야한다.

4.1.2 중등, 고등학교 중국어교육과정

중·고등학교 중국어 교육은 초등학교 및 대학의 중국어 교육과는 차이가 있다. 초등학교와 대학의 중국어 수업의 교재, 교수법, 수업 방식은 어떠한 고정되고 획일화된 형태가 아니며 자율적이다. 그러나 중·고등학교 중국어 교육은 교육부에서 제정한 '교육과정'의 지침에 따라 운용되기 때문에 교재, 교수법, 수업 방식에 관한 정해진 교육지침이 있으며 그 범위 내에서 조정하여 교육이 진행된다. 이러한 고정된 교육방식은 교육이 같은 지침에 의해 안정적으로 진행되고 교육의 혼선을 최소화하는 장점이 있다. 그러나 만약 교육지침이 현실과 부합하지 않는 경우 실효성이 떨어지고, 획일화된 지침은 교사와 학생의 여러 선택권을 제한하기 때문에 수업에서 흥미유발과 자발성을 기대하기 어려운 문제를 발생시킨다.

본고의 조사는 중·고등학교 교육현장에서 실제로 중국어 교육을 진행하는 교사의 생각과 의견을 파악하고자 하는데 그 중점을 두었다. 현 정책들은 교사들의 의견을 반영하지 않은 채 교육과정이 진행되고 있으며, 사실상 교육 현장에서 교사가 능동적·주체적으로 할 수 있는 부분들이 많이 제한이 되어있음이 사실이다. 이로 인하여 중, 고등학교의 중국어 교육은 여러 문제점을 안고 있다. 뿐만 아니라 본 조사를 진행하게 된 계기 중 하나는 지금까지도 중국어 교육 현장에 관한 전수 조사가 제대로 이루어지지 않고 있으며, 교육과정을 주관하는 교육부나 서울시 교육청에서도 현장 중국어 교육에 관한 자료가 없었다는 사실이다. 이에 본고에서는 서울시 소재의 중, 고등학교 중국어 교사들 전체를 대상으로 하여

대규모 설문을 진행하였고 교사들의 의견을 적극 반영하여 교육 현장의 실태와 문제점을 조명하였다.

본고에서 조사한 설문결과, 현장의 실태, 문제점 등을 종합하여 본고는 다음과 같은 방안을 제언하고자 한다.

첫째, 중학교의 중국어 교육을 지금 보다 더 강화해야 한다. 본고의 조사에 따르면 교사가 생각하는 가장 바람직한 중국어 교육시기를 중ㆍ고등학교 교사 모두 '중학교 시기'에 시작하는 것이 가장 바람직하다고 생각하고 있었다. 본고도 교사들의 생각에 동의를 하는데, 현재 교육 실태를 분석해 봤을 때 우리나라에서 가장 적합하고 합리적인 교육시가가 중학교 시기이다. 현재 50% 중학교에서 중국어 교육이 진행되고 있는데 교재, 교육시기 등의 연계성 문제로 교육의 단절이 발생하며 점진적인 실력향상을 기대하기는 아주 힘들다. 입시준비로 바쁜 고등학교 시기보다는 입시에서 자유로운 중학교시기에 중국어(제 2외국어)를 필수과목으로 넣어서 전면적으로 교육을 진행해야 한다.

둘째, 고등학교의 현재 중국어 교육과정을 개편해야 한다. 입시에 매진하는 고2ㆍ고3 시기가 아닌 상대적으로 입시에서 자유로운 고1ㆍ고2 시기에 중국어 교육을 진행하여 중학교의 연계성을 살리고, 정해진 시수를 보장받아 중국어 교육의 학습효과를 높여야 한다.

셋째, 중ㆍ고등학교 교재는 연계성을 살려서 편찬되어야 한다. 현재 중ㆍ고등학교 교재는 연계성이 긴밀하다고 볼 수는 없다. 중ㆍ고등학교의 중국어 교과과정을 개별이 아닌 하나의 공통된 교과과정으로 보아야 하며, 난이도가 단계별로 잘 구성된 교재를 순차적으로 사용하여 학습자의 수준에 맞는 교육이 진행되어야 할 것이다.

4.1.3 초등학교 중국어교육과정의 특징

본고는 앞서 한국의 초등학교 중국어 교육과정과 서울소재 초등학교에서 실시되는 어린이 중국어 교육에 대한 전반적인 실태를 살펴보았다. 초등학교에서 이루어지는 중국어 교육은 소수의 사립초등학교를 제외하고는 대부분 방과후학교에서 진행되고 있었다. 하지만 매년 방과후학교 참여 학생수가 꾸준히 증가되고, 전체 프로그램 수 역시 처음 시작했던 때보다 38배 이상이 증가되었던 것에 비해 중국어가 포함된 외국어 프로그램은 약 두 배만이 증가되었고, 전체 프로그램에서 외국어 프로그램이 차지하던 비율은 반으로 줄어들고 말았다. 본 조사는 앞선 설문을 통해 현재 초등학교 중국어 수업 실태를 살펴본 결과, 중국어를 배우고 싶어하는 목표하는 수준은 높으나 비체계적인 시수와 교육기간, 수업내용, 원어민 교사의 부재 등으로 인해 학생들이 중국어에 대한 지속적 흥미가 떨어지게 되고 이로 인해 수업에 대한 만족도가 낮아지면서 다음해 중국어 프로그램을 선택하는 비율이 낮아지고 이는 중국어 프로그램 수의 감소로 이어진다는 것을 밝혀내었다. 현재 초등학교 중국어 교육에서 이러한 악순환의 고리가 반복되고 있으며, 이러한 악순환을 끊어내지 않는다면 초등학교의 중국어 교육의 미래는 그리 희망적일 수 없을 것이다. 이에 따라 본고는 초등학교 중국어 교육에 대한 몇 가지 제언을 해보고자 한다.

첫째, 중국어를 초등학교 정규 교과과정으로 편성하는 것에 대한 재고가 필요하다. 본 고의 설문조사를 통해 대부분의 교사들은 중국어 교육을 초등학교 시기에 시작하는 것이 적합하다고 생각하였으며, 수업의 연계성 부족, 비체계적인 교육기간 등과 같이 현재 초등학교에서 나타나는 중국어 교육에 대한 다양한 문제점들은 대부분 비정규과정에서 나타날 수밖에 없는 현상들이기 때문이다.

둘째, 중국어 수업시수와 교육 기간을 시스템적으로 늘리고 수업 간의 연계성을 높여야한다. 교사들은 효율적인 중국어 수업을 위해 주당 3시간은 필요하다고 생각하는데 반해. 현재 초등학교의 중국어 수업은 두 시간으로 이루어지며, 방과후 수업간의 연계성이 부족으로 초등학교 중국어 교육은 대부분 1년간만 지속되기 때문이다. 이를 극복하기 위해서 중국어 수업을 기초뿐 아니라 단계별 수업을 개설해야 하며, 선생님들은 서로 소통하고 시리즈물의 교재를 선택하여 모든 단계를 체계적으로 연계시켜야 할 것이다.

셋째, 중국어 수업의 내용을 활동 중심으로 진행해야 한다. 학생과 교사들이 효과 있고 재미있는 수업 방식이 다양한 게임이라고 생각하는데 반해 현재 초등학교 중국어 수업에서 게임을 포함한 활동 중심 방식은 전체의 50%밖에 차지하고 있지 않았다. 그러므로 앞으로는 다양한 활동을 통해 적극적이고 효과적인 수업을 유도해야 한다.

넷째, 원어민 교사의 비율을 높여야 한다. 본고의 설문 결과에 따르면 39%의 초등학교 중국어 수업에서만 원어민 교사가 강의를 진행하는 것으로 밝혀졌다. 학생들이 수업시간에 원어민교사와의 소통을 통하여 학생들은 정확한 발음과 문장 구조를 계속 입력할 수 있을 것이며, 입력된 정보들로 인하여 보다 정학한 발음과 올바른 문장 구조를 말 할 수 있게 될 수 있기 때문에 앞으로는 원어민 교사의 비율이 높아져야 할 것이다.

다섯째, 중국어 수업에 필요한 멀티미디어 자료와 문화자료가 보충되어야 한다. 본 설문에 따르면 현재 초등학교 중국어 수업에서 교사들이 중국어 수업 시 멀티미디어자료가 가장 도움이 되고 있지만 여전히 부족하고 필요한 부분으로 나타났다. 또한, 중국어를 배우는 목적에서 중국 문화의 이해가 높은 비율을 차지하였고, 문화자료 역시 중국어 수업에 보충되어야 할 부분으로 나타났다. 이처럼 학습자의 필요와 목적에 따른 부분들이 더욱 보충되어야 할 것이다.

4.2   비정규과정 분석

4.2.1 사설 중국어 교육 기관

본 조사는 중국어에 대한 급증하는 사회적 요구 속에서 중국어 교육의 한 축을 담당하고 있는 사설 중국어 학원의 전반적인 시장 현황과 그들이 제공해야 할 서비스를 발전적으로 정립하기 위하여 서울 소재 사설 중국어 학원의 지역별, 유형별 현황을 살펴보았다. 그 결과 서울 지역 사설 중국어 학원은 특정한 다섯 구에 집중되어 있었을 뿐 아니라, 전체의 81%의 학원이 강남 지역에 분포되어 있는 등 강남과 강북 간의 불균형 현상이 아주 크게 나타나, 강남에 과도하게 밀집되어 있는 현상을 해소하는 것이 앞으로 해결해야 할 과제로 나타났다. 조사 결과를 종합해 보면, 강남의 경우 중형 규모의 학원을 선호하며, 수강대상 역시 유아부터 성인까지 포괄하는 형태가 많다. 강북의 경우, 일대일 수업이 많으며 이는 중국어 수요가 많지 않지만 일부 학습자가 특정 영역에 대한 학습이 주로 이루어지는 것을 의미한다.

사설 중국어 학원의 유형별 비율은 비슷하게 나타나 현재 서울 소재 사설 중국어 학원들이 특정 한 유형에 집중되지 않고 다양한 유형으로 고루 분포되어 있는 것으로 밝혀졌다.

이제까지 본 조사에서는 서울 소재 사설 중국어 학원의 현황을 살펴보았으며, 비록 본 연구가 서울 소재에 한정된 지역적 연구라는 한계성이 있지만 앞으로 그 범위를 전국구로 확대하여 한국 전체에서 이루어지고 있는 사설 중국어 교육의 현황을 더욱 자세히 다뤄보고 비정규과정에서도 발전된 중국어 교육이 제공될 수 있기를 바란다. 급증하는 중국어 수요에 발 맞춰 증가하는 사설 교육 기관의 역할이 중요하고 대두되는 만큼 앞으로 이 분야에 관한 연구들도 더욱 활발히 이루어지길 기대해 본다.

부 록

1	초등학교 설문지

<설 문 지>

안녕하십니까?

저희는 연세대학교 공자아카데미 산하의 프로젝트 팀입니다.

먼저, 중국어 교육에 힘쓰고 계신 선생님 여러분, 바쁘신 가운데서도 본 설문지에 응해주심을 마음으로부터 감사드립니다. 저희는 현재 "서울지역 중국어 교육 기관 현황 조사 및 분석"이라는 프로젝트를 진행 중에 있습니다. 선생님께서 응답해 주시는 설문은 연구에 많은 도움이 될 것이며, 본 연구를 통해 다양한 유형의 중국어 교육 기관과 교육 방식을 하나로 모아 향후 중국어 교육 발전에 기여할 수 있는 대안을 마련하고자 합니다. 아울러 본 설문은 연구 목적 이 외에는 사용되지 않을 것임을 약속드리며, 다시 한 번 설문에 응해 주심에 깊은 감사드립니다.

※ 모든 질문에 대한 대답은 괄호 안에 입력해 주세요.

1. 귀하의 초등학교는 어느 유형의 학교에 속합니까? (   )

　① 국립　　② 공립　　③ 사립　　④ 기타 _____

2. 제2 외국어로서(**정규수업**으로서) 중국어를 개설하고 있습니까? (   )

　① 예　　② 아니요

※ 2번 문항에 ①번으로 선택하셨을 경우, 2-1문항으로 이동해 주세요.

※ 2번 문항에 ②번으로 선택하셨을 경우, 3문항으로 이동해 주세요.

2-1. 귀하 학교의 중국어의 교육 기간은 어떻게 됩니까? (　)

    ① 1년　　② 2년　　③ 3년　　④ 4년　　⑤ 5년　　⑥ 6년

2-2. 귀하 학교의 중국어를 선택한 학생들의 비율은 어떻게 됩니까? (　)

    ① 0-30%미만　　② 30-50% 미만　　③ 50-70%미만
    ④ 70-100% 미만　　⑤ 100%

2-3. 귀하 학교의 중국어 주간 수업시수는 어떻게 됩니까? (　)

    ① 2시간　　② 3시간　　③ 4시간　　④ 5시간　　⑤ 6시간이상

2-4. 현재 귀하 학교에서 사용하시는 중국어 교재는 무엇입니까? (　)

    ① 시중 교재　　　　　　　② 본인 자료/교재
    ③ 기타 (　　　　　　　　　)

2-5. 채택한 교재를 '과'분류를 기준으로, 일반적으로 1년 동안 몇 과까지 실제로 수업
을 진행하십니까? (　)

    ① 6-7과　　② 8-9과　　③ 10과　　④ 11과　　⑤ 끝까지 가르친다.

2-6. 한 과를 진행했을 때, 소요되는 수업시수는 어느 정도 입니까? (　)

    ① 1시간　　② 2시간　　③ 3시간　　④ 4시간　　⑤ 5시간 이상

2-7. 중국어 수업에 학급당 몇 명의 학생이 참여하고 있습니까? (　)

    ① 10명 미만　　② 10-15명 미만　　③ 15-20명 미만
    ④ 20-25명 미만　　⑤ 25-30명 미만　　⑥ 30명 이상

2-8. 선생님이 생각하실 때 한 반에 적절한 인원수는 몇 명입니까? (　)

    ① 10명 미만　　② 10-15명 미만　　③ 15-20명 미만
    ④ 20-25명 미만　　⑤ 25-30명 미만　　⑥ 30명 이상

3. 방과 후 수업으로 중국어를 개설하고 있습니까? (   )

　　① 예　　　② 아니요

※ 3번 문항에 ①번으로 선택하셨을 경우, 3-1문항으로 이동해 주세요.
※ 3번 문항에 ②번으로 선택하셨을 경우, 4문항으로 이동해 주세요.

　　3-1. 방과 후 중국어수업의 주간 시수는 어떻게 됩니까? (   )

　　　　① 1시간　　② 2시간　　③ 3시간　　④ 4시간이상

　　3-2. 방과 후 중국어수업은 어떻게 이루어지고 있습니까?(복수 선택 가능) (   )

　　　　① 교재 중심　　② 활동 중심　　③ 회화 중심　　④ 쓰기 중심　　⑤ 문화 중심
　　　　⑥ 어법 중심　　⑦ 시청각 중심　　⑧ 읽기 중심

　　3-3. 방과 후 과목으로서 중국어를 선택한 학생들의 비율은 어떻게 됩니까? (   )

　　　　① 0-30%미만　　　② 30-50% 미만　　　③ 50-70%미만
　　　　④ 70-100% 미만　　　⑤ 100%

4. 중국어 교사는 총 몇 명입니까? (   )

　　① 1명　　② 2명　　③ 3명　　④ 4명 이상

5. 원어민 강사의 수는 몇 명입니까? (   )

　　① 0명　　② 1명　　③ 2명　　④ 3명　　④ 4명 이상

6. 중국어 수업은 언제부터 시작하는 것이 바람직하다고 생각합니까? (   )

　　① 유치원시기　　② 초등학교 시기　　③ 중학교 시기　　④ 고등학교 시기

7. 학교에서 중국어 교육 시, 도움이 되었던 것은 무엇입니까?(복수 선택 가능) (   )

　　① 다양한 교구　　② 어학실　　③ 멀티미디어 교재　　④ 컴퓨터　　⑤ 문화 자료

8. 학교에서 중국어 교육 시, 부족하다고 느껴지는 부분은 무엇입니까? (복수 선택 가능)
   (   )

   ① 다양한 교구   ② 어학실   ③ 멀티미디어 교재   ④ 컴퓨터   ⑤ 문화 자료

9. 학교에서 중국어를 교육 시, 지금보다 더욱 필요하다고 느껴지는 부분은 무엇입니까?
   (복수 선택 가능) (   )

   ① 다양한 교구   ② 어학실   ③ 멀티미디어 교재   ④ 컴퓨터   ⑤ 문화 자료

10. 귀하의 학교의 중국어 교육의 목적은 무엇입니까?(선택문제)

───

※ 프로젝트 결과가 필요하신 교사분들에 한하여 분석된 자료를 제공하려고 합니다. 자료를 받
아보시겠습니까? (   )

① O   ② X

수고하셨습니다. 감사합니다 ☺

2 중학교 설문지

〈설 문 지〉

안녕하십니까?

저희는 연세대학교 공자아카데미 산하의 프로젝트 팀입니다.

먼저, 중국어 교육에 힘쓰고 계신 선생님 여러분, 바쁘신 가운데서도 본 설문지에 응해주심을 마음으로부터 감사드립니다. 저희는 현재 "서울지역 중국어 교육기관 현황 조사 및 분석"이라는 프로젝트를 진행 중에 있습니다. 선생님께서 응답해 주시는 설문은 연구에 많은 도움이 될 것이며, 본 연구를 통해 다양한 유형의 중국어 교육 기관과 교육 방식을 하나로 모아 향후 중국어 교육 발전에 기여할수 있는 대안을 마련하고자 합니다. 아울러 본 설문은 연구 목적 이 외에는 사용되지 않을 것임을 약속드리며, 다시 한 번 설문에 응해 주심에 깊은 감사드립니다.

※ 모든 질문에 대한 대답은 괄호 안에 입력해 주세요.

1. 귀하의 중학교는 어느 유형의 학교에 속합니까? (   )

　　① 국립　　② 공립　　③ 사립　　④ 기타 _____

2. 제2 외국어로서(**정규수업**으로서) 중국어를 개설하고 있습니까? (   )

　　① 예　　　② 아니요

2번 문항에 ①번으로 선택하셨을 경우, 2-1문항으로 이동해 주세요.

2번 문항에 ②번으로 선택하셨을 경우, 3문항으로 이동해 주세요.

2-1. 제2 외국어로서 중국어의 교육 기간은 어떻게 됩니까? (   )

    ① 1년   ② 2년   ③ 3년

2-2. 제2 외국어로서 중국어를 선택한 학생들의 비율은 어떻게 됩니까? (   )

    ① 0-30%미만   ② 30-50% 미만   ③ 50-70%미만
    ④ 70-100% 미만   ⑤ 100%

2-3. 제2 외국어로서 중국어의 주간 수업시수는 어떻게 됩니까? (   )

    ① 2시간   ② 3시간   ③ 4시간   ④ 5시간   ⑤ 6시간이상

2-4. 현재 학교에서 사용하시는 중국어 교재는 무엇입니까? (   )

    ① 교학사 생활 중국어
    ② 넥서스 생활 중국어
    ③ 다락원 생활 중국어
    ④ 시사중국어사 생활 중국어
    ⑤ 천재교과서 생활 중국어(노)
    ⑥ 천재교육 생활 중국어(박)
    ⑦ 기타 (   )

2-5. 채택한 교과서의 '과'분류를 기준으로, 일반적으로 1년 동안 몇 과까지 실제로 수업을 진행하십니까? (   )

    ① 6-7과   ② 8-9과   ③ 10과   ④ 11과   ⑤ 끝까지 가르친다.

2-6. 한 과를 진행했을 때, 소요되는 수업시수는 어느 정도 입니까? (   )

    ① 1시간   ② 2시간   ③ 3시간   ④ 4시간   ⑤ 5시간 이상

2-7. 중국어 수업에 학급당 몇 명의 학생이 참여하고 있습니까? (   )

    ① 10명 미만   ② 10-15명 미만   ③ 15-20명 미만
    ④ 20-25명 미만   ⑤ 25-30명 미만   ⑥ 30명 이상

2-8. 선생님이 생각하실 때 한 반에 적절한 인원수는 몇 명입니까? ( )

　① 10명 미만　　　② 10-15명 미만　　　③ 15-20명 미만
　④ 20-25명 미만　　⑤ 25-30명 미만　　　⑥ 30명 이상

3. 방과 후 수업으로 중국어를 개설하고 있습니까? ( )

　① 예　　　② 아니요

※ 3번 문항에 ①번으로 선택하셨을 경우, 3-1문항으로 이동해 주세요.
※ 3번 문항에 ②번으로 선택하셨을 경우, 4문항으로 이동해 주세요.

3-1. 방과 후 중국어수업의 주간 시수는 어떻게 됩니까? ( )

　① 1시간　② 2시간　③ 3시간　④ 4시간이상

3-2. 방과 후 중국어수업은 어떻게 이루어지고 있습니까?(복수 선택 가능) (　　　　)

　① 교재 중심　　　② 활동 중심　　　③ 회화 중심
　④ 쓰기 중심　　　⑤ 문화 중심　　　⑥ 어법 중심
　⑦ 시청각 중심　　⑧ 읽기 중심

3-3. 방과 후 과목으로서 중국어를 선택한 학생들의 비율은 어떻게 됩니까? ( )

　① 0-30%미만　　② 30-50% 미만　③ 50-70%미만
　④ 70-100% 미만　⑤ 100%

4. 중국어 교사는 총 몇 명입니까? ( )

　① 1명　② 2명　③ 3명　④ 4명 이상

5. 원어민 강사의 수는 몇 명입니까? ( )

　① 0명　② 1명　③ 2명　④ 3명　④ 4명 이상

6. 중국어 수업은 언제부터 시작하는 것이 바람직하다고 생각합니까? (　)

　　① 유치원시기　　② 초등학교 시기　　③ 중학교 시기　　④ 고등학교 시기

7. 학교에서 중국어 교육 시, 도움이 되었던 것은 무엇입니까?(복수 선택 가능) (　　　)

　　① 다양한 교구　② 어학실　③ 멀티미디어 교재　　④ 컴퓨터　　⑤ 문화 자료

8. 학교에서 중국어 교육 시, 부족하다고 느껴지는 부분은 무엇입니까? (복수 선택 가능)
　(　　　)

　　① 다양한 교구　　② 어학실　③ 멀티미디어 교재　　④ 컴퓨터　　⑤ 문화 자료

9. 학교에서 중국어를 교육 시, 지금보다 더욱 필요하다고 느껴지는 부분은 무엇입니까?
　(복수 선택 가능) (　　　)

　　① 다양한 교구　　② 어학실　③ 멀티미디어 교재　　④ 컴퓨터　　⑤ 문화 자료

10. 귀하의 학교의 중국어 교육의 목적은 무엇입니까?(선택문제)

※ **프로젝트 결과가 필요하신 교사분들에 한하여 분석된 자료를 제공하려고 합니다. 자료를 받**
　아보시겠습니까? (　)
　① O　　　　　　　　　　　② X

수고하셨습니다. 감사합니다 ☺

3 고등학교 설문지

〈설 문 지〉

안녕하십니까?

저희는 연세대학교 공자아카데미 산하의 프로젝트 팀입니다.

먼저, 중국어 교육에 힘쓰고 계신 선생님 여러분, 바쁘신 가운데서도 본 설문지에 응해주심을 마음으로부터 감사드립니다. 저희는 현재 "서울지역 중국어 교육 기관 현황 조사 및 분석"이라는 프로젝트를 진행 중에 있습니다. 선생님께서 응답해 주시는 설문은 연구에 많은 도움이 될 것이며, 본 연구를 통해 다양한 유형의 중국어 교육 기관과 교육 방식을 하나로 모아 향후 중국어 교육 발전에 기여할 수 있는 대안을 마련하고자 합니다. 아울러 본 설문은 연구 목적 이 외에는 사용되지 않을 것임을 약속드리며, 다시 한 번 설문에 응해 주심에 깊은 감사드립니다.

※ 모든 질문에 대한 대답은 괄호 안에 입력해 주세요.

1. 귀하의 고등학교는 어느 유형의 학교에 속합니까? (   )

   ① 일반고   ② 특수목적고   ③ 특성화고   ④ 자율고   ⑤ 기타_____

2. 제2 외국어로서(**정규수업**으로서) 중국어를 개설하고 있습니까? (   )

   ① 예   ② 아니요

※ 2번 문항에 ①번으로 선택하셨을 경우, 2-1문항으로 이동해 주세요.

※ 2번 문항에 ②번으로 선택하셨을 경우, 3문항으로 이동해 주세요.

2-1. 제2 외국어로서 중국어의 교육 기간은 어떻게 됩니까? ( )

   ① 1년   ② 2년   ③ 3년

2-2. 제2 외국어로서 중국어를 선택한 학생들의 비율은 어떻게 됩니까? ( )

   ① 0-30%미만   ② 30-50% 미만   ③ 50-70%미만
   ④ 70-100% 미만   ⑤ 100%

2-3. 제2 외국어로서 중국어의 주간 수업시수는 어떻게 됩니까? ( )

   ① 2시간   ② 3시간   ③ 4시간   ④ 5시간   ⑤ 6시간이상

2-4. 현재 학교에서 사용하시는 중국어 교재는 무엇입니까?(복수 선택 가능) (   )

   ① 교학사 고등학교 중국어Ⅰ   ② 다락원 고등학교 중국어Ⅰ
   ③ 정진출판사 고등학교 중국어Ⅰ   ④ 정진출판사 고등학교 중국어Ⅱ
   ⑤ 천재교육 고등학교 중국어Ⅰ   ⑥ 천재교육 고등학교 중국어Ⅱ
   ⑦ 시사중국어사 고등학교 중국어Ⅰ   ⑧ 시사중국어사 고등학교 중국어Ⅱ⑤
   ⑨ 넥서스 고등학교 중국어Ⅰ   ⑩ 기타_____

2-5. 중국어Ⅰ은 일반 선택으로, 중국어Ⅱ는 심화 선택으로 분류된 것에 대해 어떻게 생각하십니까? ( )

   ① 매우 바람직하다   ② 다소 바람직하다
   ③ 바람직하지 않다.   ④ 전혀 바람직하지 않다

2-6. 채택한 교과서의 '과'분류를 기준으로, 일반적으로 1년 동안 몇 과까지 실제로 수업을 진행하십니까? ( )

   ① 6-7과   ② 8-9과   ③ 10과   ④ 11과   ⑤ 끝까지 가르친다.

2-7. 한 과를 진행했을 때, 소요되는 수업시수는 어느 정도 입니까? ( )

   ① 1시간   ② 2시간   ③ 3시간   ④ 4시간   ⑤ 5시간 이상

2-8. 중국어 수업에 학급당 몇 명의 학생이 참여하고 있습니까? (　)

① 10명 미만　　② 10-15명 미만　　③ 15-20명 미만
④ 20-25명 미만　　⑤ 25-30명 미만　　⑥ 30명 이상

2-9. 선생님이 생각하실 때 한 반에 적절한 인원수는 몇 명입니까? (　)

① 10명 미만　　② 10-15명 미만　　③ 15-20명 미만
④ 20-25명 미만　　⑤ 25-30명 미만　　⑥ 30명 이상

3. 방과 후 수업으로 중국어를 개설하고 있습니까? (　)

① 예　　　② 아니요

※ 3번 문항에 ①번으로 선택하셨을 경우, 3-1문항으로 이동해 주세요.
※ 3번 문항에 ②번으로 선택하셨을 경우, 4문항으로 이동해 주세요.

3-1. 방과 후 중국어수업의 주간 시수는 어떻게 됩니까? (　)

① 1시간　② 2시간　③ 3시간　④ 4시간이상

3-2. 방과 후 중국어수업은 어떻게 이루어지고 있습니까?(복수 선택 가능) (　　　)

① 교재 중심　② 활동 중심　③ 회화 중심　④ 쓰기 중심
⑤ 문화 중심　⑥ 어법 중심　⑦ 시청각 중심　⑧ 읽기 중심

3-3. 방과 후 과목으로서 중국어를 선택한 학생들의 비율은 어떻게 됩니까? (　)

① 0-30%미만　　② 30-50% 미만　　③ 50-70%미만
④ 70-100% 미만　　⑤ 100%

4. 중국어 교사는 몇 명입니까? (　)

① 1명　② 2명　③ 3명　④ 4명 이상

5. 원어민 강사의 수는 몇 명입니까? (   )

    ① 0명 ② 1명 ③ 2명 ④ 3명 ④ 4명 이상

6. 중국어 수업은 언제부터 시작하는 것이 바람직하다고 생각합니까? (   )

    ① 유치원시기 ② 초등학교 시기 ③ 중학교 시기 ④ 고등학교 시기

7. 학교에서 중국어 교육 시, 도움이 되었던 것은 무엇입니까?(복수 선택 가능) (   )

    ① 다양한 교구 ② 어학실 ③ 멀티미디어 교재 ④ 컴퓨터 ⑤ 문화 자료

8. 학교에서 중국어 교육 시, 부족하다고 느껴지는 부분은 무엇입니까? (복수 선택 가능)
    (   )

    ① 다양한 교구 ② 어학실 ③ 멀티미디어 교재 ④ 컴퓨터 ⑤ 문화 자료

9. 학교에서 중국어를 교육 시, 지금보다 더욱 필요하다고 느껴지는 부분은 무엇입니까?
    (복수 선택 가능) (   )

    ① 다양한 교구 ② 어학실 ③ 멀티미디어 교재 ④ 컴퓨터 ⑤ 문화 자료

10. 귀하의 학교의 중국어 교육의 목적은 무엇입니까?(선택문제)

※ 프로젝트 결과가 필요하신 교사분들에 한하여 분석된 자료를 제공하려고 합니다. 자료를 받
아보시겠습니까? (   )

① O   ② X

수고하셨습니다. 감사합니다 ☺

4 대학교 설문지

<설 문 지>

안녕하십니까?

저희는 연세대학교 공자아카데미 산하의 프로젝트 팀입니다.

먼저, 바쁘신 가운데서도 본 설문지에 응해주심을 감사드립니다. 저희는 현재 "서울지역 중국어 교육기관 현황 조사 및 분석"이라는 프로젝트를 진행 중에 있습니다. 본 연구를 통해 다양한 유형의 중국어 교육 기관과 교육 방식을 하나로 모아 향후 중국어 교육 발전에 기여할 수 있는 대안을 마련하고자 합니다. 아울러 본 설문은 연구 목적 이 외에는 사용되지 않을 것임을 약속드리며, 다시 한 번 설문에 응해 주심에 깊은 감사드립니다.

※ 모든 질문에 대한 대답은 괄호 안에 입력해 주세요.

1. 귀 학교의 1학기 중국어 관련 개설 강좌 수는 몇 개입니까? (   )개

　　1-1. 중국어 관련 개설된 강좌의 종류 구분은 어떻게 됩니까?

　　　　① 전공필수(   )개 ② 전공선택(   )개 ③ 교양(   )개   ④ 기타(   )개

　　1-2. 중국어 관련 개설된 강좌의 학점 구분은 어떻게 됩니까?

　　　　① 1학점(   )개   ② 2학점(   )개   ③ 3학점(   )개 ④ 기타(   )개

　　1-3. 중국어 관련 개설된 강좌의 성격은 무엇입니까?

　　　　① 어학(   )개   ② 문학(   )개   ③ 문화(   )개   ④ 비지니스(   )개
　　　　⑤ 정치외교(   )개 ⑥기타 (   )개

1-4. 원어 강좌 수는 몇 개 입니까? (   )개

1-5. 한 강좌 당 수강 인원수는 어느 정도 입니까?

    ① 10명 미만(   )%　② 20명 미만(   )%　③ 30명 미만(   )%

    ④ 40명 미만(   )%　⑤ 50명 미만(   )%　⑥60명 미만 (   )%

    ⑦ 70명 미만(   )%　⑧ 70명 이상(   )%

2. 원어민 교강사 수는 몇 명입니까? (   )명

3. 한국인 교강사 수는 몇 명입니까? (   )명

4. 중문과 전체 전공자 수는 몇 명입니까? (   )명

  4-1. 귀 학교의 중국 내 자매결연 학교가 있습니까? (   )

    ① 0개　② 1개　③ 2개　④ 3개　⑤ 기타(개)

  4-2. 전공자의 해외어학연수 비율은 대략 어느 정도 입니까? (   )

    ① 10%미만　② 20%미만　③ 30%미만　④ 40%미만

    ⑤ 50%미만　⑥ 70%미만　⑦ 90%미만　⑧ 100%미만

  4-3. 해외어학연수 형태는 무엇입니까? (복수선택가능) (   )

    ① 방학 단기연수　② 6개월~1년 단기연수　③ 교환학생　④ 기타(   )

5. 개설된 강좌의 지정된 교재가 있습니까? (   )

  ① 모든 강좌에 교재 지정

  ② 지정된 것도 있고 없는 것도 있다

  ③ 없다

6. 귀 학교의 수업 진행 방식은 무엇입니까(복수선택가능)? ( )

    ① 다양한 교구   ② 어학실   ③ 멀티미디어 교재
    ④ 컴퓨터   ⑤ 문화자료   ⑥기타(   )

7. 학교에서 중국어를 교육 시, 부족하다고 느껴지는 부분은 무엇입니까? (복수선택가능)
    (   )

    ① 다양한 교구   ② 어학실   ③ 멀티미디어 교재
    ④ 컴퓨터   ⑤ 문화자료   ⑥기타(   )

8. 학교에서 중국어를 교육 시, 지금보다 더욱 필요하다고 느껴지는 부분은 무엇입니까?
    (복수선택가능) (   )

    ① 다양한 교구   ② 어학실   ③ 멀티미디어 교재
    ④ 컴퓨터   ⑤ 문화자료   ⑥기타(   )

9. 학생들이 가장 선호하는 강좌에는 어떤 것이 있습니까?

    (   )

수고하셨습니다. 감사합니다 ☺

5 전화 설문 멘트

STAGE 1. 학교와 통화

① 학교 행정실 or 교무처 전화.

② "안녕하세요. 여기는 연세대학교 공자아카데미인데요. 서울시 중국어 교육현황 조사 때문에 전화를 드렸습니다. 귀 학교에는 중국어 수업이 개설이 되어 있나요?"

| ↓ (O) | ↓ (×) |

③ "제2 외국어로 개설이 되어있나요?"   ③ 네 감사합니다. 안녕히 계세요.
"방과 후로 개설이 되어 있나요?"   전화 종료

↓

상황1. 제2 외국어로 개설

→ "중국어 교육 현황을 담당자분께 여쭤보려고 하는데 제2 외국어 선생님과 통화를 하려면 몇 번으로 전화를 드려야 하나요?" (연락처 받아 적은 후 재확인)

"다시 한번 확인할게요. 000-000-0000 맞나요?" (확인완료)

"감사합니다. 안녕히 계세요"

상황2. 방과 후로 개설

→ "중국어 교육 현황을 담당자분께 여쭤보려고 하는데 방과 후 선생님과 통화를 하려면 몇 번으로 전화를 드려야 하나요?" (연락처 받아 적은 후 재확인)

"다시 한번 확인할게요. 000-000-0000 맞나요?" (확인완료)

"감사합니다. 안녕히 계세요"

상황3. 제2 외국어, 방과 후 둘 다 개설

→ "중국어 교육 현황을 담당자분께 여쭤보려고 하는데 제2 외국어 선생님
이랑 방과 후 선생님과 통화를 하려면 몇 번으로 전화를 드려야 하나
요?" (두 명 연락처 받아 적은 후 재확인)

"제2 외국어 선생님 전화번호가 000-000-0000 맞나요?" (확인완료)

"방과 후 선생님 전화번호가 000-000-0000 맞나요?" (확인완료)

"감사합니다. 안녕히 계세요"

STAGE 2. 담당자와 통화

① 담당자에게 전화.

② "여보세요. ○○고등(중)학교 중국어 선생님 맞으신가요?" (맞습니다. 확인 후)

③ "안녕하세요. 선생님. 여기는 연세대학교 공자아카데미인데요. 서울시 중국어 교육현황 조사 때문에 전화를 드렸습니다. 제가 전화 드린 이유를 간단히 말씀 드리면요. 지금 현재 중국어 교육이 다양한 활발하게 진행이 되고 있는데 반해 서, 중국어 교육 현황 조사가 제대로 이루어지지 않아서, 중국어 교육자간의 상호협의도 어렵고, 참고할 만한 기초자료도 턱없이 부족한 상황입니다. 그래 서 이번에 연세대학교 공자아카데미에서 서울시 중국어 교육현황을 전반적으 로 조사해서 중국어 교육발전을 좀 더 모색해 보고자 이렇게 조사를 진행하고 있습니다.."
"조사 방법은 저희가 선생님께 이메일로 한 장 분량의 객관식 설문지를 보내드 리면 기입하셔서 보내주시면 되구요. 저희가 결과를 다 취합해서 데이터가 나 오면 설문조사에 응해주신 선생님에 한해서 분석한 서울시 교육현황 자료를 다시 이메일로 보내드릴 예정입니다. 선생님께서도 이 자료를 참고하시면 중국 어 교육방향을 정하시는데 도움이 되실 것 같습니다."
"이메일 주소를 알려주시면 설문지를 보내드리겠습니다. 그리고 이메일 주소는 본 설문 외에 다른 용도로는 절대 사용되지 않을 것을 약속드립니다." (이메일 주소 기록한 후 재확인)

④ "다시 한번 확인하겠습니다. ○○○@○○○ 맞나요?" (리턴 안 되도록 잘 확인 요망)

⑤ "설문지는 이메일로 보내드리겠습니다. 바쁜 시간 내 주셔서 감사드립니다. 안 녕히 계세요."

* 조사자 신원에 대한 자세한 정보를 묻는 경우 "저는 연세대학교 중어중문과 박사
(석사)과정 중인 OOO입니다."라고 구체적으로 신원 밝히고 상대방에게 신뢰감
주기.

延世大学 孔子学院 研究丛书 004
中国研究院

2015년 서울시 중국어 교육기관 현황조사
首尔地区汉语教学机构基本状况调查(2015)

초판 인쇄 2017년 3월 20일
초판 발행 2017년 3월 30일

저   자 | 김현철·이경진·김주희·이유진
펴 낸 이 | 하운근
펴 낸 곳 | 學古房

주   소 | 경기도 고양시 덕양구 통일로 140 삼송테크노밸리 A동 B224
전   화 | (02)353-9908 편집부(02)356-9903
팩   스 | (02)6959-8234
홈페이지 | http://hakgobang.co.kr
전자우편 | hakgobang@naver.com, hakgobang@chol.com
등록번호 | 제311-1994-000001호

ISBN 978-89-6071-645-4 94720
      978-89-6071-638-4 (세트)

값 : 9,500원

이 도서의 국립중앙도서관 출판예정도서목록(CIP)은 서지정보유통지원시스템 홈페이지
(http://seoji.nl.go.kr)와 국가자료공동목록시스템(http://www.nl.go.kr/kolisnet)에서 이용
하실 수 있습니다. (CIP제어번호 : CIP2017007923)